圖解版 有趣到睡不著

運動中的物理學

東洋大學 理工學院生物醫學工程學系 教授

望月 修

Osamu Mochizuki

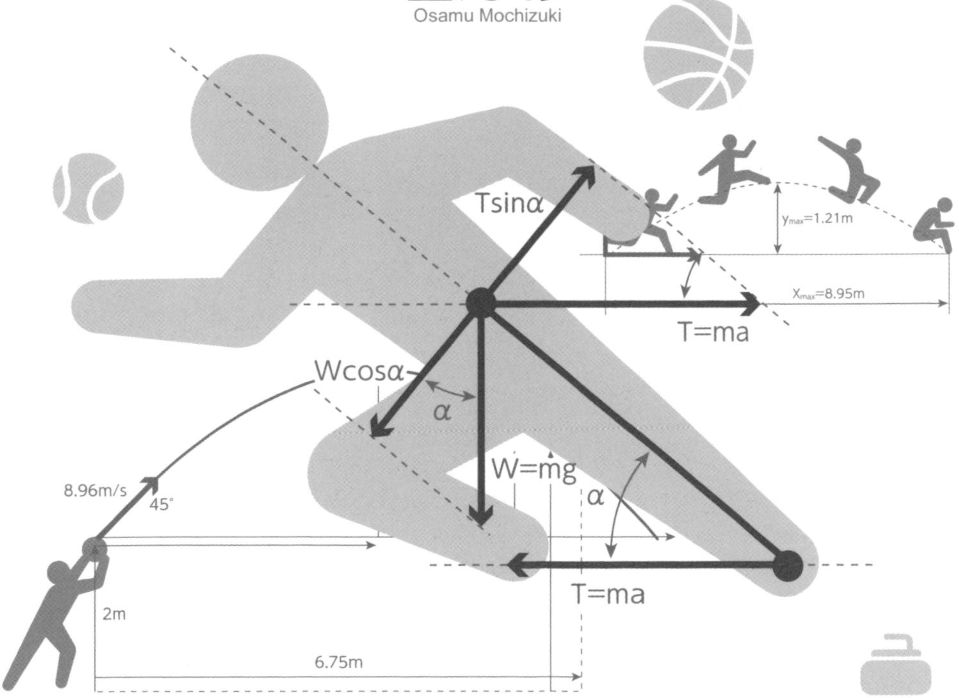

晨星出版

前言

身為作者的我其實在年輕時，很不擅長球類運動，因為我對運動項目一竅不通。然而，就在2、3年前，不知道此情況的學生表示，「我們要打籃球，但是人數不夠，老師要不要加入呢」。我已經數十年沒碰籃球，所以有些不安，但實際參與後發現，我的控球能力竟然比國高中時更好，打起球來非常愉快，連我自己都很訝異。籃球，是把球投入籃框裡就能得分的競技，想要得分，就必須知道該採取怎樣的策略？該如何行動？自己在球隊裡扮演什麼樣的角色？這時我才發現，原來年輕時隊友把球傳來後（當時還無法順利接住球……），我只是胡亂地想把球投入籃框裡罷了。

相同情況也曾發生在打高爾夫球的時候。當初只知道規則就是把球打進洞裡，人家叫我打，我就隨便挑了支球桿，出桿好多次，總算打完一輪18洞。不過，就在某天接觸迷你高爾夫後，我才真正搞懂高爾夫這項競技究竟在比什麼。因為這樣，我學會如何選球桿，知道該打球的哪個位置，打起來也變得有趣。

我曾在電視上觀看印尼雅加達舉辦的第18屆亞運（2018年8月18日～9月2日）賽程中，日本U－21代表選手對決尼泊爾的足球預賽，面對2020年即將舉辦的東京奧運，這場比賽對年輕選手們而言還有一個目的，就是累積國際賽事經驗。我當初並沒打算針對一系列賽事的首戰品頭論足，最後日本以1比0獲勝，但說實在的，我完全看不出日本隊究竟採用了什麼策略。選手們看起來完全不知道在比什麼，反而像是被球追著跑，猶如我年輕時打籃球和高爾夫球的模樣。看來，選手們並沒有充分掌握到足球這項競技。

相信還有不少人會遇到一種情況，那就是過去靠著自己的才能創造出不錯的紀錄，但隨著年紀增長，成績卻毫無進步。運動的方式照理說要隨著身體變化作調整，不過人往往會被侷限在過去的成功經驗裡，導致想變也變不了，最後不知該如何是好。前輩給的鼓勵也都是他們從自身經歷所學到的心得，提升技術的過程就有了萬家之別。也因為我們很難脫口說出能給予實質幫助的話語，因此多半只能用「加油」「撐住」來精神喊話。相信不是只有我發現日本體育界這存在已久的現象。

所有的運動基本上都一定看得見「物理」的影子。理論絕對屹立不搖，身體的律動能為此證明。我一路與物理學為友，享受當中的研究樂趣，面對喜愛運動的讀者時，我總會認為，各位若想具體理解自己接觸的運動項目，就該學習運動及力學所涉及的物理，並獲得操控其中的能力。透過理解，才能有效運用鍛鍊過的肌肉，再加上了解使用的道具特性，或許能夠展現出完全不同的做法。

若讀者能透過本書，發現原來運動和物理有著非常密切的關係，並運用在各位所喜愛的運動項目中，那麼負責編輯本書的エディテ100的米田正基先生、日本文藝社的　將志先生以及我都會備感欣喜。

2018年8月

作者筆

有趣到睡不著
圖解版 **運動中的物理學**

目次

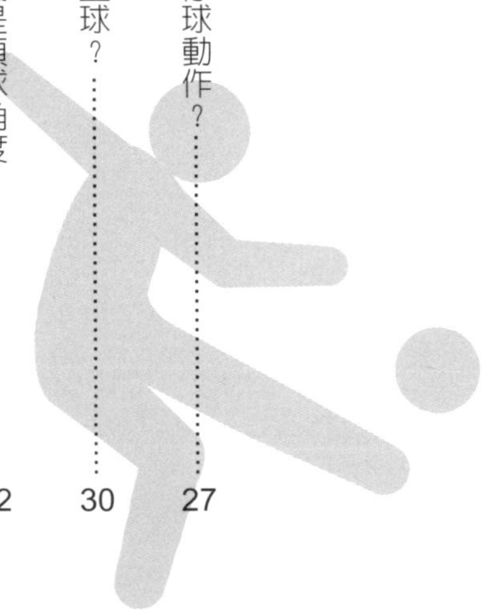

PART3 水上運動 Water Sports

PART4 冰上與雪上運動 Ice & Snow Sports

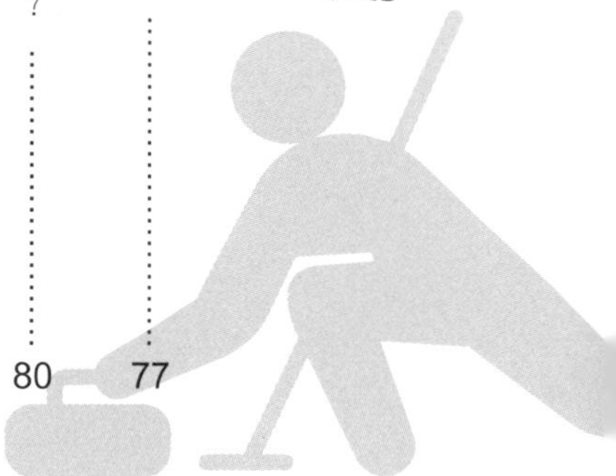

PART5 Combat Sports 格鬥技、武道

PART6 New & Other Sports 新式運動、其他

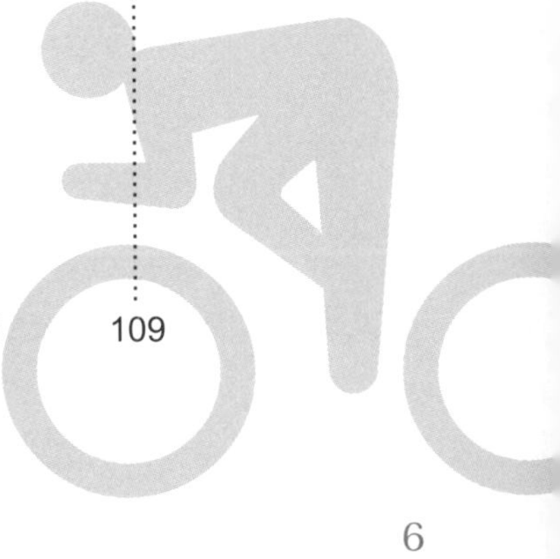

連牛頓也吃驚！

物理和運動的關係

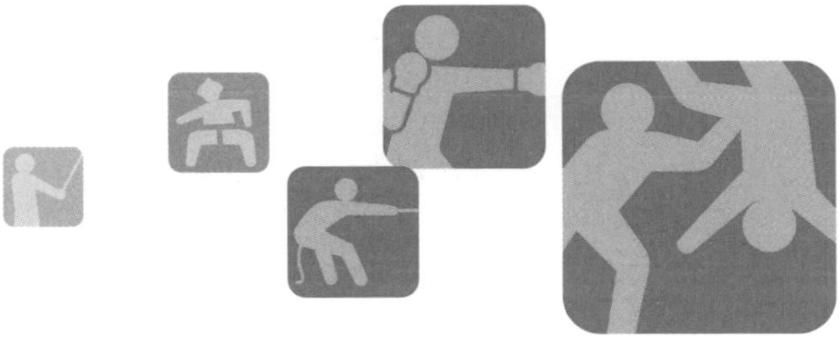

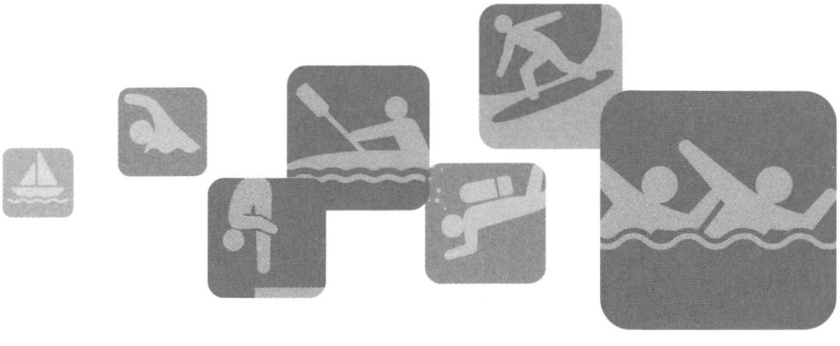

01

短距離

人類百米賽跑的最快極限是9．21秒？

要說「百米賽跑是最精彩的田徑項目」可一點也不為過。人類在賽跑過程中，擺動的肌肉彷佛爆發出全身的力量，一絲餘力也不留。那麼，博爾特（Usain Bolt）的9秒58已經是人類百米紀錄的極限了嗎？其實不然。因為從物理學的原理和概念來看，我們還是有機會破紀錄的呢！這裡就以破紀錄為前提，來思考一下從起跑到加速過程中，還有改善空間的前傾姿勢。

如果以接觸地面的那隻腳為中心，並將身體前傾的話，人會朝傾斜方向倒下對吧。這是因為位於肚臍附近的重心比踩地那隻腳的位置還要前面，從❶的位置關係來看，身體在逆時鐘方向的力矩*1作用下會更傾斜（❶的W）。在這樣的情況下，想要維持身體傾斜卻又不跌倒的話，必須形成一股與傾倒方向相反，也就是順時針方向的力矩（❶的T）。

舉例來說，身上綁著繩子並請旁人拉扯，或是承受強風的吹拂，都是直接受力。不過，以加速奔跑來形成慣性力將會是更聰明的方法。電車開始移動時，身體會承受一股與前進方向相反的力，就是慣性力。以物理學角度來說，就跟倒*2單擺運動時，會透過加速避免單擺倒下的原理一樣。順帶一提，賽格威（Segway）便是運用慣性力的交通工具。

接著來看看在重心位置時，體重與慣性力對身體中心軸垂直方向的抵銷狀況。根據重力加速度**g[m/s²]**與奔跑加速度**a[m/s²]**（g：重力、a：加速度）的比來看角度α的話，

$$\alpha = \tan^{-1}\left(\frac{g}{a}\right)$$

＊1　**力矩**：力臂×施力。單位為Nm（牛頓米）。與能量單位焦耳相同，所以也可稱作旋轉動能。

＊2　**倒單擺**：一般的單擺會以上方的起始點為支撐點作擺盪（穩定），不過倒單擺卻是以下方的點為支撐點，傾斜時當然就會朝傾斜方向倒去（不穩定），所以必須加以控制。

換句話說，**身體傾斜的角度其實不受體重限制，而是取決於自己想要多快的加速度**。假設以**$a=6.86m/s^2$**的加速度起跑，那麼身體的傾斜角度會是**$a=\tan^{-1}(9.8/6.86)=55°$**。以這樣的加速度加速1.75秒的話，速度會達到**12m/s**，那麼期間將前進**1.75×12÷2=10.5m**的距離。剩餘的距離**100－10.5=89.5m**如果都能維持最快速度前進，花費的時間會是**89.5÷12=7.46**秒，再加上❷提到加速所需的時間，將得到**1.75＋7.46=9.21**秒的結果。

所以，想破短跑紀錄的話，必須提高加速度，讓自己在短時間內達到最大速度，並維持這個速度衝刺。要提高加速度，就必須讓身體更前傾。所以從物理學的角度來看，只要做到身體更前傾，就能破紀錄囉。

1 用加速運動維持住快倒下的身體

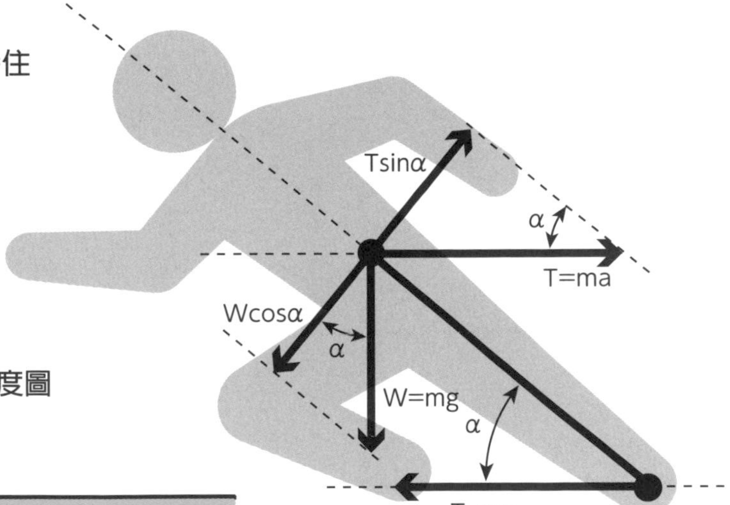

2 百米賽跑時的速度圖

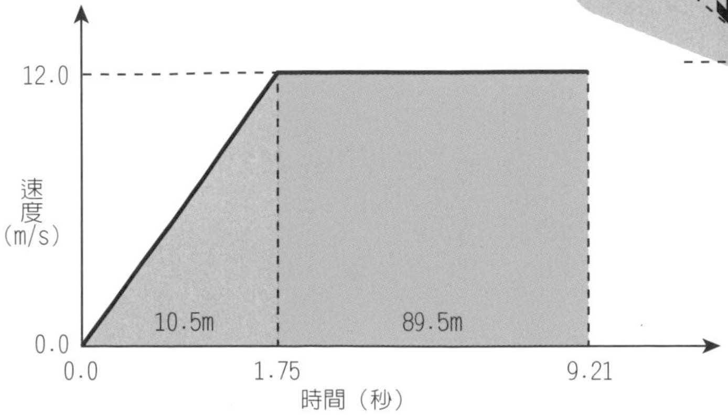

02

長距離

跑馬拉松就像在空中畫拋物線？

跑馬拉松時會需要怎樣的施力？

從物理角度來看，跑步的時候會結合與地面垂直、支撐體重的力，以及往前邁進的力。**這股淨力**[*1]**的方向，就是腿蹬地面時所形成的角度**。

如果換成跑馬拉松，因為是以定速前進，**所以推力T在某一速度奔跑時的空氣阻力將是固定值**。那麼空氣阻力**D**會是

$$D=C_d\frac{1}{2}\rho u^2A$$

這裡的C_d是指阻力係數，把人類視為圓柱的話，C_d**=1.2**。另外，**A**是從上流側觀看人類時，人體正面的面積大小，平均為**A=1.3m²**。**與風的相對速度會以u來表示，不過，如果是無風狀態，那就會直接用奔跑的速度來表示**。順風時會加上風速，逆風則會將速度扣除風速。

假設某位選手跑全馬42.195km耗時2小時10分，與風的相對速度**u=5.4m/s**。另外，ρ是指空氣密度，標準狀態下**ρ=1.2kg/m³**。利用上述條件就能算出阻力**D=1.2×0.5×1.2×5.4²×1.3=27N**。這也代表推力**T=27N**，體重**65kgf**[*2]**=637N**的跑者蹬地所形成的角度θ就會是**tan⁻¹(637/27)**，也就是**88°**，幾乎是垂直往上蹬地呢。

釋出大於體重的作用力時，人就會蹬起離地，移動時的重心會隨著步伐描繪出拋物線。

假設蹬起的高度y_{max}**=0.1m**，垂直方向速度v_0**=1.4m/s**，那麼達到y_{max}的時間t_{ymax}就會是速度**v=0**的時間，結果t_{ymax}為**0.14**秒。如果要到達x_{max}，所需時間會再多一倍，也就是0.28秒。人會水平地以u_0**=5.4m/s**的條件朝**x**方向前進，

＊1　**淨力**：在力學裡，當兩個以上的力作用於一個物體上，而這些力合成後，與其結果有著等效果的單一力。亦稱為合力。

＊2　**kgf與N**：都是力的單位。假設質量60kg乘以重力加速度g=9.8m/s²的話，60×9.8就會是588N。

所以能求得x_{max}=1.51m。換句話說，**步幅1．51m的跑者會以0．1m的高度上下運動**，而每一步所需花費的時間為0．28秒。

用1．51m的步幅來跑42.195km的話，需花費27944步。把這個步數乘以0．28秒，就會是7824秒，所以抵達終點的時間為2小時10分24秒。

我們可以從中發現，這些時間幾乎都花在於空中描繪拋物線的運動上。這麼說來，**減少上下運動，儘量筆直奔跑會更有效率呢**。

不過，上述情況是以u_0=5.4m/s為前提，如果不想在上下運動過程中損失能量的情況下維持朝右前進的速度，那麼從物理觀點來看，採用跟日本知名馬拉松選手川內優輝一樣，重心筆直前進的跑法會比較合乎邏輯。

1 蹬地時的力量組成

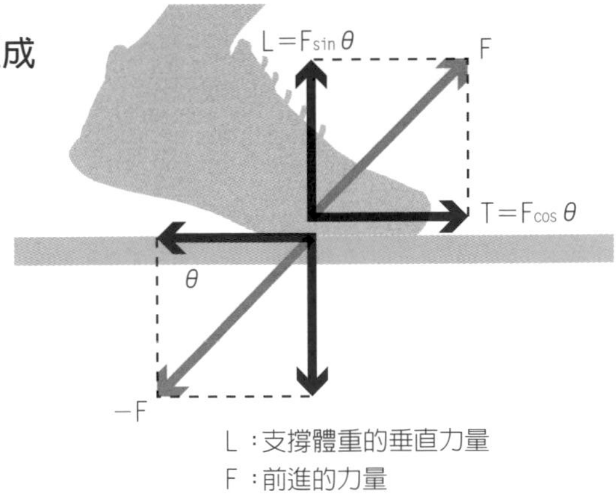

2 用蹬地方式跑步時，每一步的重心軌跡都會是拋物線

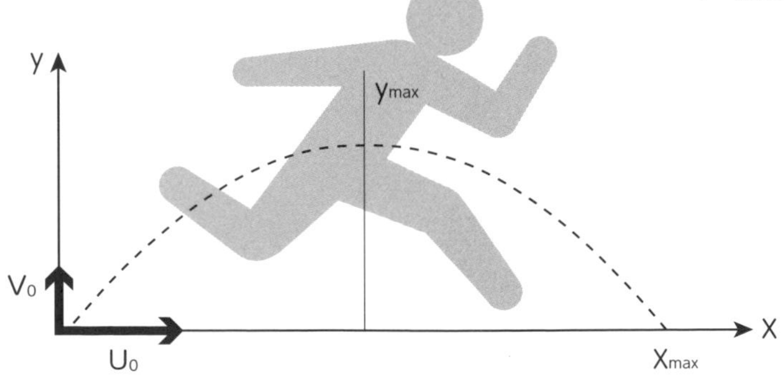

$$v_0=\sqrt{2gy_{max}}$$

$$v=-gt+v_0$$

$$x_{max}=\frac{2u_0v_0}{g}$$

$$y_{max}=\frac{v_0^2}{2g}$$

跳高

想要過桿，就必須掌握到最合適的跳躍速度？

試想一下，跳高時得越過橫置於支架上、長4公尺的橫桿。

跳高選手的身材都相當高挑，還有著令人訝然不已的腳長，女子選手更是美女雲集，這也讓跳高成為一看就上癮的競技項目。不過，文中是以男選手為例。假設選手以30°的角度切入，朝離地高度2．45m（古巴選手哈維爾．索托馬約爾1993年所創的世界紀錄）的橫桿中央位置，以最大高度 y_{max} 為前提作拋物線跳躍。

首先，助跑移動重心，與地面平行朝離地80cm的高度前進，並在距離跳高墊75cm處躍起。這時，重心軌道的高度會是 **$y_{max}=2.45+0.15-0.8=1.8m$**。假設著地長度 **$x_{max}=3m$**，那麼踏出步伐時水平方向的速度 **$u_0=2.48m/s$**，垂直朝上方向的速度 **$v_0=5.94m/s$**。這條拋物線的重心必須通過橫桿中央上方15cm高的位置，所以只要背部緊貼過桿就算成立。

體重70kgf的選手以0．3秒躍起時所產生的力，會是朝上方向速度 **$v_0=5.94m/s$** 產生的力。加速度為 **$(5.94-0)\div0.3=19.8\ m/s^2$**，和質量70kgf相乘後，就能求得 **$F=70\times19.8=1386N$**，這相當於舉起141kgf重物的力量。所以，**如果能用2倍體重的力量垂直蹬地，那麼從物理學角度來看，就能跳出世界紀錄喔！**

從不考慮空氣阻力的自由落體公式就能知道，**我們在看拋物線運動軌跡時，質量大小其實沒有任何影響**。所以，假設跳高就是拋物線運動，那麼**無關乎體重輕重，只要跳躍時，速度滿足 $v_0=5.94m/s$，就能成功過桿喔！**

如果要達到這樣的速度，我們能以

F=m(v-0)/Δt來表示所需的力。**力又與質量成正比。把質量替換成人類體重的話，那麼愈重的人會需要愈大的力量，愈輕的人當然就會是相反的情況。**不過，基本上都還是需要自身體重2倍的力，所以重的人需要更大的力。這也是為什麼身形高挑、體重輕盈的選手適合參加跳高的緣故。

1 重心軌跡會是條拋物線

$$a=-g \qquad x_{max}=\frac{2u_0v_0}{g}$$

$$v=-gt+v_0$$

$$y=\frac{-1}{2}gt^2+v_0t \qquad y_{max}=\frac{{v_0}^2}{2g}$$

$$x=u_0t$$

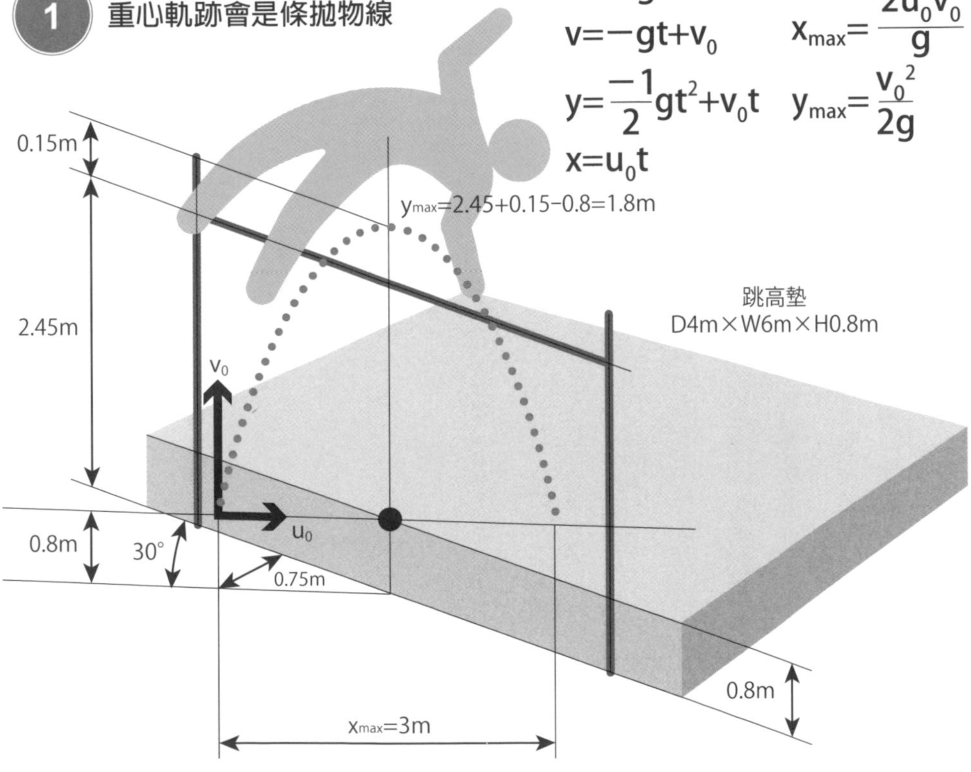

04

跳遠

只要加快助跑速度，騰空個1秒就能跳10 m遠？

目前的世界男子跳遠紀錄，是由邁克．鮑威爾（美國，Mike Powell）於1991年所創下的8．95 m。這也是繼標槍（舊制）、鐵餅、鏈球、鉛球後，第五項長時間無人能打破的紀錄。

說到跳遠的方式，如果能忽略空氣阻力，那麼重心軌跡還是會呈現一條拋物線。從跳躍起到著地的最大距離x_{max}等於水平方向的速度u_0乘以在空中的時間t_a，所以$x_{max}=u_0t_a$。由此可知，**想讓x_{max}的距離變長，就必須「加快奔跑速度」「拉長滯留空中的時間」或是「兩者同時增加」**。

假設u_0=9m/s，如果要得到x_{max}=8.95m的結果，在空中滯留的時間t_a就必須是0．994秒。而要達到y_{max}會需要一半的時間，所以可以導出$v_0=(1/2)\times t_a g=4.87$m/s，那麼$y_{max}=v_0^2/2g$，在空中的高度會是1．21 m。

如果一位體重70kgf的選手花費0．3秒的時間蹬地，那麼**$F=70\times(4.87-0)/0.3=1136$N**，這相當於上舉116kgf重物時需要的力量。這也是為什麼當我們水平方向的速度維持固定，往空中跳起時，就會朝前方飛躍邁進的緣故。

對了，**如果能把奔跑速度加快到u_0=10m/s跳起並騰空個1秒，照理說就能達到10 m驚人的世界紀錄喔！**騰空1秒鐘的過程中，人會以**v_0=4.9m/s**的速度往上跳起，這意味著會需要1秒的時間著地。**此時最高點的高度為1．23 m，比前面的世界紀錄也不過才高2cm**。這就表示只要加快跑速，就能刷新世界紀錄！

另外，有些選手跳遠時，還會藉觀眾打拍子來使力。從物理的角度來看，觀眾的拍子究竟能帶來多大幫助呢？

假設我們用大型音響播放拍手聲，聲壓設定為100dB（分貝），換算成壓力為2Pa（帕斯卡）。**2Pa**相當於**2N/m²**，如果人體背面面積為$0.85m^2$的話，就會形成2×0．85=1．7N的推力，又能換算成170g左右的重量。能在選手跳躍瞬間發揮作用的話，也是不無小補。

從跳躍姿勢下功夫其實也很有趣。選手跳遠後，會先確認留在沙坑裡的痕跡，並量測起跳板最前緣到沙坑痕跡的距離。不過，比起後腳跟，其實臀部反而會距離著地點更近。這是因為選手會想辦法把腳往前伸，使得重心比腳的位置更後面，臀部當然就會著地。不過，只要在著地時，把彎曲的身體重心往前推，身體就會維持著飛躍的姿勢著地，此時距離跳板最近的痕跡將會是腳後跟的痕跡。

1 重心的軌跡會是條拋物線

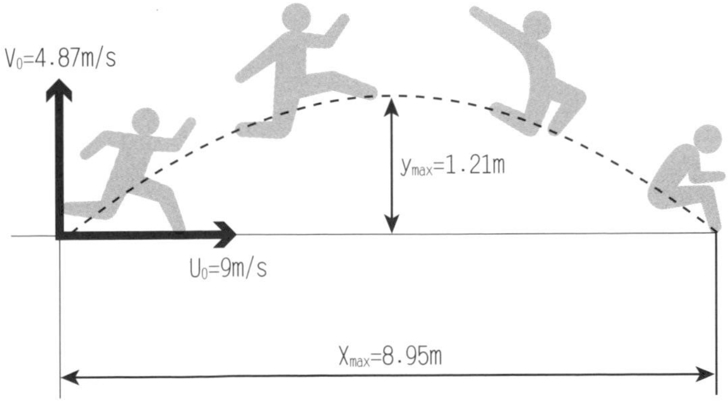

最大高度：$y_{max}=v_0^2/2g$

騰空時間：$t=x_{max}/u_0=2v_0/g$

05

撐竿跳高

奔跑時的動能是能否跳出世界紀錄的關鍵？

目前跳高的世界紀錄是2．45m，撐竿跳高則是1994年烏克蘭選手謝爾蓋．布卡（Sergey Bubka）締造的是6．14m佳績。順帶一提，室內的撐竿跳高世界紀錄為法國選手拉維勒尼（Renaud Lavillenie）於2014年創下的6．16m（註：瑞典的杜普蘭提斯則於2022年創下6．19m最新紀錄）。

跳高是利用腳蹬地時的力量，讓自己越過橫桿後墜落的拋物線運動。**撐竿跳高則是藉由手臂施壓撐杆時的力量，讓自己越過橫桿墜落的拋物線運動**。

不過，選手若想撐竿跳躍，就要讓自己的重心能越過橫桿上方30cm處，這表示當選手倒立於垂直豎立的撐竿上時，必須把重心移動到橫桿上方30cm的位置。

這時我們參考圖❶，假設橫桿高度為世界紀錄的6．14m，那麼重心需在橫桿上方30cm，即表示重心要通過6．44m的高度。**如果手握撐竿的位置與重心相距1．3m的話，那麼撐竿的長度會是6.44-1.3=5.14m**。

不過，從起跳到接近橫桿這段重心爬升的軌跡並非單純的拋物線。選手必須把撐竿前端插入位於橫桿下方地面的插穴箱，透過助跑的力量彎折撐竿。接著利用撐竿的彈力，將重心往上拉。

假設助跑時重心距離地面高80cm。**如果要從垂直狀態的撐竿前端讓身體回到下垂狀態，重心的位置會是5.14-1.3=3.48m**，再扣掉助跑時的重心位置80cm，那麼**上撐的高度為3.84-0.8=3.04m**。若選手體重為70kgf，位能**E_p=mgh=70×9.8×3.04=2085J**，要把這股位能

1 撐竿跳高選手跳出世界紀錄6.14m時的重心位置

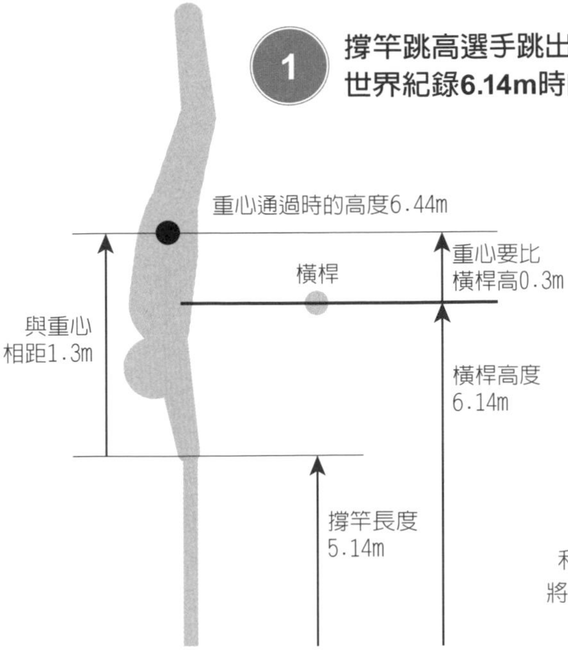

2 撐竿跳高時能量的移動

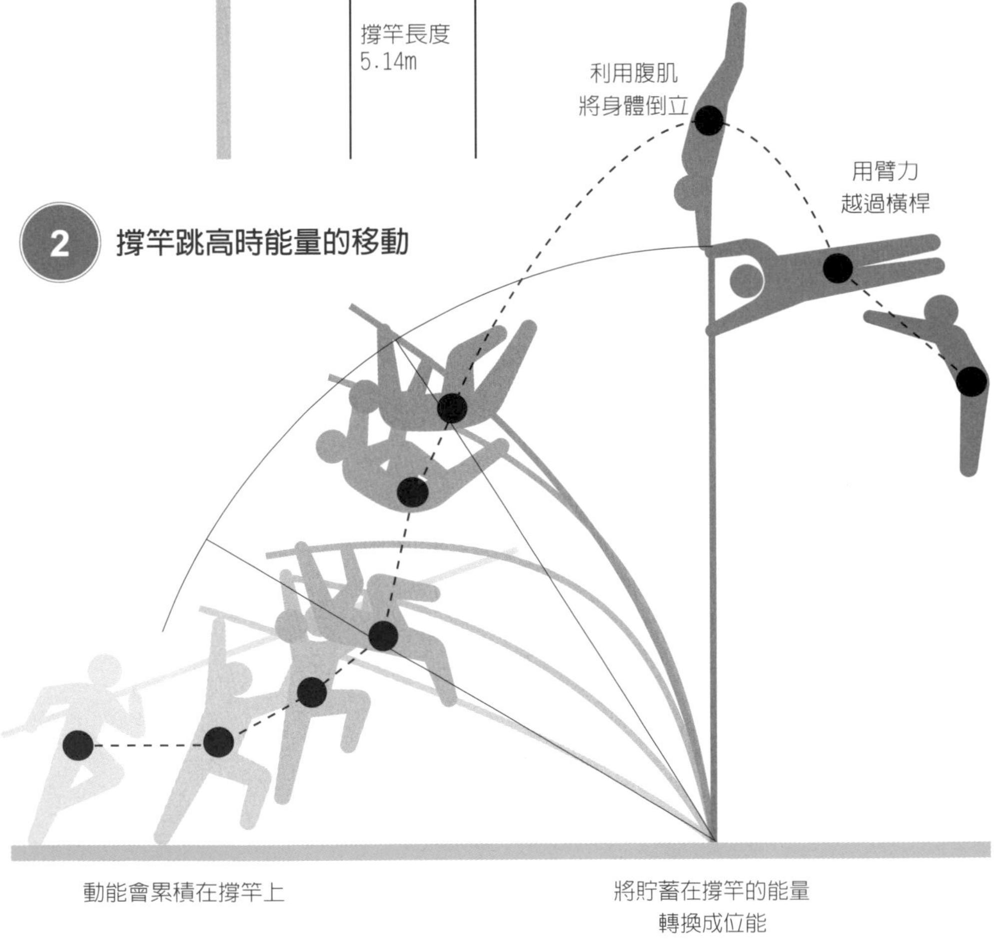

反映在撐竿彎度上的話，就必須對撐竿施予**u m/s**的奔跑動能。**這時的動能為**

$$E_K=\frac{1}{2}mu^2$$

接著又可以此公式和位能導出

$$u=\sqrt{2gh}$$

將h=3.04m代入公式的話，就能發現以u=7.72m/s的速度來助跑會是最佳條件。

假設撐竿的彈性係數為**K**，那麼撐竿彎折**x m**時的能量E_B會是

$$E_B=\frac{1}{2}kx^2$$

計算**K**時，假設單邊固定且長度為**L**的撐竿楊氏係數*是**E**，面積慣性矩（area moment of inertia）為**I**的話，那麼

$$k=\frac{3EI}{L^3}$$

如果**撐竿彎折x=3.04m**，因為$E_B=E_P$，所以**k=451N/m**。**圓柱形的面積慣性矩則為**

$$I=\pi\frac{D^4-d^4}{64}$$

若選手使用玻璃纖維材質的撐竿，則**E=80GPa**。假設長度**L**為**5.14m**，那麼**I**會是**$2.55\times10^{-7}m^4$**。從這些數據還可以求出撐竿的直徑外徑**D=0.050m**，內徑**d=0.032m**，感覺比其他材質的撐竿更粗。

＊ **楊氏係數（Young's modulus）**：在材料上擺放重物時的壓縮程度，或是用多大的力量拉伸時會伸長的程度。當壓縮量小，即表示材料質地硬，但如果能被大幅度壓縮，則意味著材料很柔軟。

06

鏈球

只要提高擲出時的角速度，讓旋轉半徑夠長，就能刷新世界紀錄？

鏈球運動項目所使用的鐵球直徑120mm，重6.8kgf。鐵球會與鋼絲、握把相連，總長為120cm。比賽時，選手必須握住握把，手臂打直，以身體為軸心旋轉4圈並將鏈球擲出。這時感覺就像陀螺，會以軸心腳的接地處為中心，另一腳則是邊蹬地邊維持旋轉動作。

觀看室伏廣治選手在2011年世界田徑錦標賽投擲鏈球的影片，會發現他旋轉4圈花了1．75秒。每次旋轉的角度是360度，不過如果改用**弧度**（rad）為單位，360度會等於**2π rad**，這就表示旋轉4圈為**2π×4rad**，角速度**ω**則是**2π×4圈/1.75秒=14.4rad/s**。

那麼，**當選手放開握把，向心力消失的時候，鐵球就會順著圓周的切線方向飛去，當下的速度v可用v=rω來表示**。從室伏選手旋轉軸所估測的手臂長度為70cm，那就表示到鐵球中心的旋轉半徑**r=0.70+1.2+0.06=1.96m**。這時能進一步求出鏈球飛出的速度**v=1.96×14.4=28.2m/s**。

假設選手以這個速度將鏈球朝上45°擲出，且不考慮空氣阻力的話，鐵球的運動軌跡會是條拋物線，且能計算出最大高度$y_{max}=(v\times\sin45°)^2\times2g=20.3m$，抵達距離$x_{max}=v^2\sin(2\times45°)/g=81.1m$，以實際情況來看，室**伏選手的確也擲出了81．24m的成績。看來，室伏選手在投擲時，徹底運用了物理法則呢。**

目前的世界紀錄為1986年前蘇聯選手塞迪克（Yuriy Sedykh）創下的86．74m。接著讓我們來思考一下，要怎麼做才有辦法破這項紀錄？

首先，**必須提高鏈球飛出的速度v。根據v的定義（v=rω），有兩種方法可以達成。第一是提高角速度3**。從飛出速度反推回來的話，可以得到

$$v=\sqrt{gx_{max}}=\sqrt{9.8\times86.74}=29.16m/s$$

而角速度**ω=v/r**，所以**ω=29.16/1.96=14.90 rad/s**，接著就能算出旋轉4圈**(2π×4rad)**所需的時間。換句話說，還能導出**t=2π×4/14.90=1.69秒**。由此可知，**只要室伏選手能把旋轉4圈的時間從原本的1．75秒縮短個0．06秒，就能刷新世界紀錄喔！**所以，蹬腳旋轉時的力道稍微加強一下，便可達成紀錄呢。

另一個方法則是加長旋轉半徑r。不過，由於鐵球到握把的長度固定，因此只能拉長手臂的長度。如果要反推算出手臂究竟要多長才夠？我們可以先從鏈球飛出速度必須是29.16m/s，且角速度維持和前面一樣不變，也就是**ω=14.4rad/s**，根據r=v/ω即可算出r=29.16/14.4=2.03m，即代表**手臂必須長2.03-(1.2+0.06)=0.77m。前面預設室伏選手的臂長為70cm，所以就物理角度來說，只要手臂再長個7cm便可滿足條件**。要把人類的手臂加長似乎相當困難，不過，**其實只要讓手臂與肩膀銜接的部位往前凸出7cm**（**物理學者任性的想法**）**就有機會達成喔**。

另外，旋轉運動過程中，假設鐵球的離心力是F_c，那麼$F_c=mv^2/r$，鐵球重量m=6.8kg，那麼室伏選手甩轉鏈球時，$F_c=6.8\times28.2^2/1.96=2759N$。所以，維持鐵球圓周運動時，將會受$F_c$離心力大小所影響。換算成重量的話，要用g=9.8來除，相當於手持282kgf的重物。想單靠臂力承受這個重量應該非常困難，還有可能因此跌倒呢。

為了掌握配重的位置，接著讓我們來看看旋轉時的姿勢。身體重心和旋轉軸大約會有19cm的差距。重心處的圓周方向速度$v_g=0.19\times14.4=2.74m/s$。假設這個差距就是

旋轉半徑，那麼計算重心所形成離心力 **F_c** 時，因為室伏選手的體重為99kgf，所以 **$F_c=m_g v_g^2/r_g=99\times2.74^2/0.19=3912N$**。這麼說來，**只要把重心移動到鐵球離心力所產生的順時針力矩**（圖❷）**，能與重心離心力所產生的逆時針力矩相抵銷的位置，即可達配重平衡**。相抵銷的位置可以從 **$L\times3912=1.32\times2759$** 求得，所以 **$L=0.93m$**。觀察室伏選手旋轉時的姿勢也可發現，他會把腰部壓低至離地高93cm的位置。

想要支撐住龐大的離心力，就必須讓這股離心力和自身重心的離心力相抵銷以維持平衡。這也是選手必須旋轉的原因所在。

2 室伏廣治選手投擲鏈球

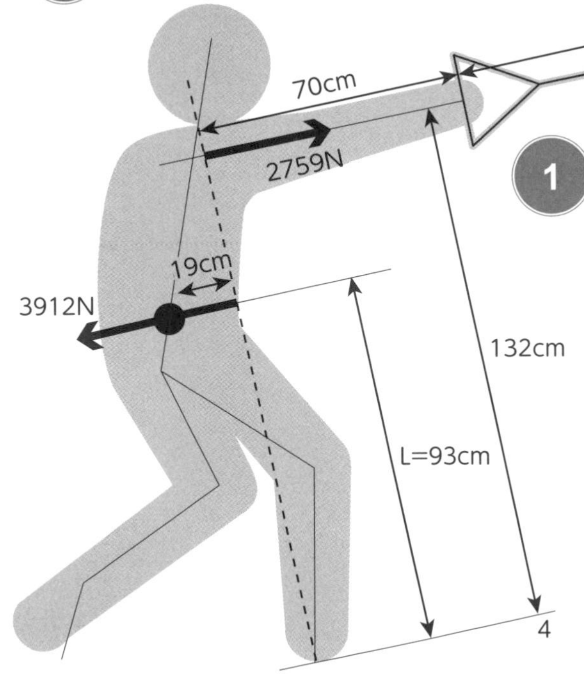

1 投擲鏈球時的離心力方向、圓周方向與角速度

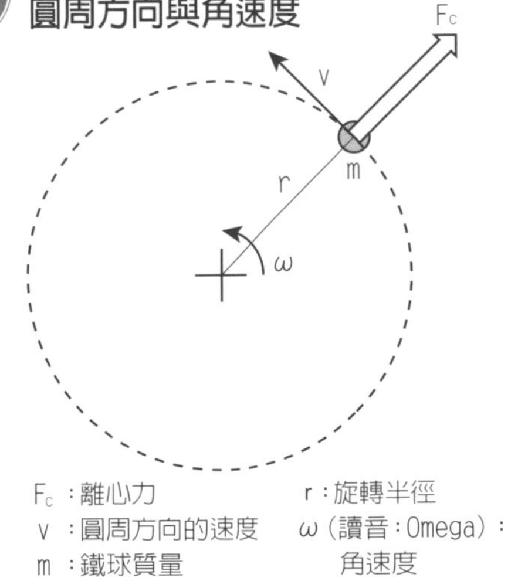

短距離

用相當於馬拉松的速度助跑，朝53°方向擲出標槍就能刷新世界紀錄？

目前擲標槍的世界紀錄，是澤萊茲尼選手（Jan ŽELEZNÝ／捷克）在1996年擲出的98．48m。男子選手用標槍長2．7m，重800gf。基於安全考量，現在的標槍其實刻意被設計成不會飛超過百米。另外，國中小學生則是使用長70cm，重400gf的軟標槍（火箭狀投擲物）。

其實不只是標槍，**如果我們以Vm/s的速度，在不考慮空氣阻力的前提下，朝上45°的角度將物品以拋物線投擲出去，該速度能擲出的最大距離為**

$$x_{max}=\frac{V^2}{g}$$

其實原本能達到的最大距離應該是

$$x_{max}=\frac{V^2\sin2\theta}{g}$$

不過這裡θ＝45°的時候，sin2θ就會是最大值1。另外，**從公式也可以得知，投擲距離會與投擲速度V的平方成正比**，所以**如何讓V數值變大就很重要**。

如果投擲標槍是拋物線運動，那麼可以從上述公式求得擲出98．48m的速度，

$$V_{45}=\sqrt{gx_{max}}=\sqrt{9.8\times98.48}=31.1m/s$$

以0．3秒擲出這個速度時，需要的臂力**F=0.8×(31.1-0)/0.3=83N**，相當於舉起8.5kgf的重物。

投擲標槍時會邊跑邊擲，接著就讓我們來看看助跑帶來的效果。**朝某個角度θ投擲，**

且速度為V_θ的話，那麼實際上的速度會是水平方向速度$V_\theta\cos\theta$再加上助跑的速度u m/s。另外，V_θ朝上的速度則可用$V_\theta\sin\theta$來表示。往上投擲的速度與水平方向的速度結合後，角度必須滿足水平朝上45°的方向。也因此會存在$V_\theta\sin\theta = V_\theta\cos\theta + u$的關係，而$V_\theta$、$\theta$和u之間也會形成以下關係：

$$V_\theta = \frac{u}{\sqrt{2}\sin\left(\theta - \frac{\pi}{4}\right)}$$

公式右邊是擺動手臂時的速度，與物體實際飛越的速度V_{45}之間的關係，則可從圖❷得到

$$V_{45} = \sqrt{2}V_\theta\sin\theta$$

從以上結果更可得知，想要$V_\theta/V_{45} \leqq 1$，投擲角度θ必須高於45°。如果要投出世界紀錄的距離，那麼可以透過上述公式，搭配下表的幾個參數組合求得結果。**只要用跑馬拉松的速度u=5.4m/s助跑，並以V_θ=27.5m/s的投擲速度朝53°方向擲去，標槍就能以V_{45}=31.1m/s的速度飛出，同時描繪出拋物線，並飛行98．48 m遠。**

換句話說，比起在靜止狀態下擲出公式右邊的速度，倒不如稍微助跑，就能在少花83-73=10N的力量下，投擲出相同距離呢。

怎樣的助跑速度與投擲角度組合，能滿足定點投擲速度31.1m/s的投擲結果

助跑速度 (m/s)	投擲速度 (m/s)	投擲角度 (°)	投擲力量 (N)
0	31.1	45	83
1.5	30.1	47	80
3.5	28.7	50	77
5.4	27.5	53	73
6.6	26.8	55	71
7.7	26.2	57	70
9.3	25.4	60	68

1 定點投擲標槍

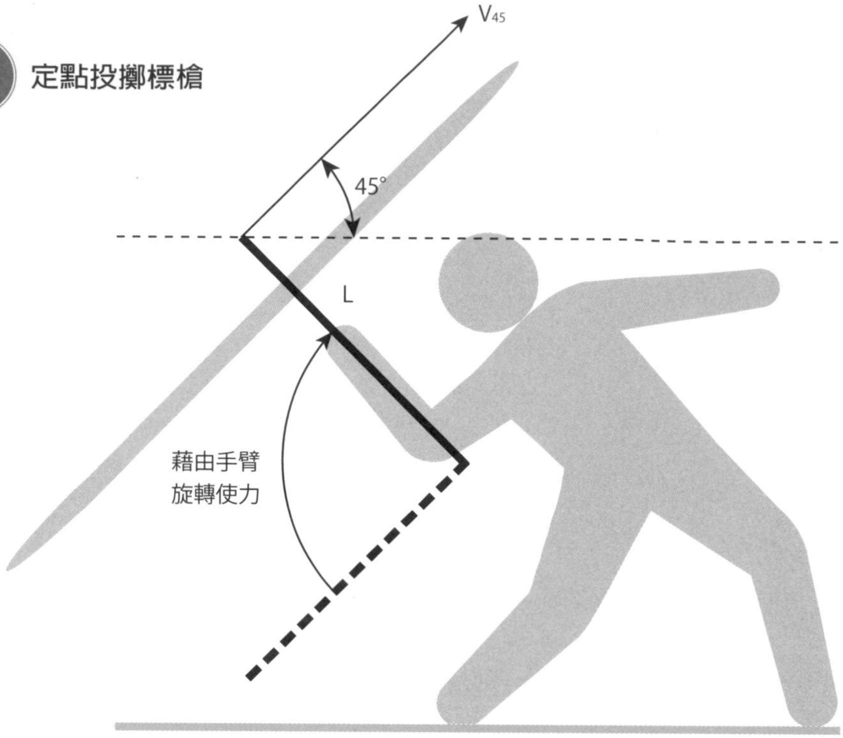

2 助跑投擲標槍

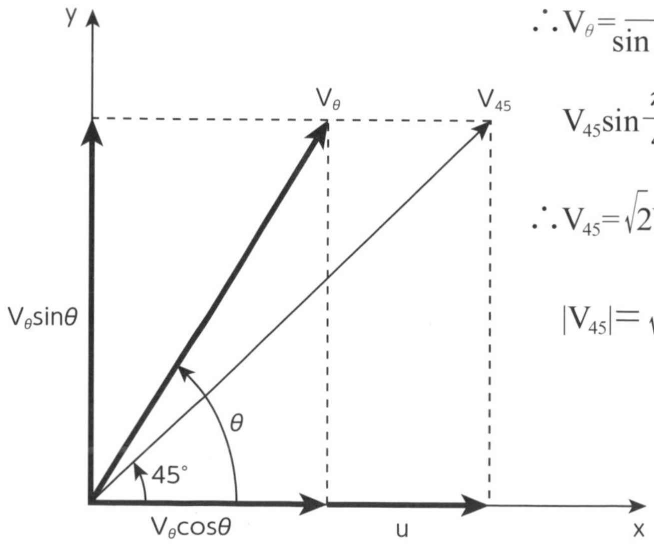

$$V_{\theta}\sin\theta = V_{\theta}\cos\theta + u$$

$$\therefore V_{\theta} = \frac{u}{\sin\theta - \cos\theta} = \frac{u}{\sqrt{2}\sin\left(\theta - \frac{\pi}{4}\right)}$$

$$V_{45}\sin\frac{\pi}{4} = V_{\theta}\sin\theta$$

$$\therefore V_{45} = \sqrt{2}V_{\theta}\sin\theta$$

$$|V_{45}| = \sqrt{(V_{\theta}\cos\theta + u)^2 + (V_{\theta}\sin\theta)^2}$$

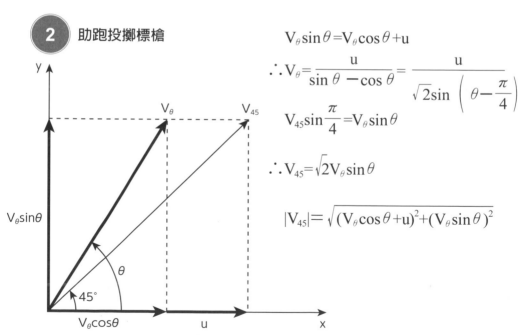

08

足球 ①

什麼是控制足球的停球動作？

在足球運動中，把球停接下來，讓自己更好處理的動作稱為停球（trap）。只要能抵銷掉球的動量，就能讓運動中的球停止。**動量等於足球質量乘以速度**。

5號足球的重量為450gf（=0.45kgf），當足球以10m/s（36km/h）的速度飛來時，動量會是0.45×10=4.5kgm/s。如果要讓飛來的球速度歸零，停接住足球，那就必須讓動量4.5kgm/s變成0。這裡會用腳停住這股動量，即代表腳會吸收掉足球具備的動量。

假設腳穿上足球鞋後的重量是足球的2倍。腳接觸足球的瞬間，腳必須以一半的球速朝足球飛來的方向移動，才能剛好停接住足球。停球的時間如果是0．1秒，那麼腳的施力為**0.45×(0-10)/0.1=-45N**。因為這股力量（相當於拿起4.6kg物品的力量）與足球飛來的方向相反，所以用負數來表示。

另外，如果是以1秒的時間來停球，與0．1秒相比，所需的力量就會減弱為10分之1。**這也代表著要盡可能地拉長球與腳的接觸時間，讓腳朝球飛來的方向移動並停接住足球的話，將能減輕對腳帶來的負荷**。

如果用胸口停球，因為胸部比腳來的重，所以碰觸足球瞬間，胸口能讓球速降至50分之1，也就是0.2m/s左右。從上述理論當然也能得知，只要球接觸胸口的時間愈長，承受的力量就會愈小。

接著讓我們來思考有效控球的踢法，這裡請先忽略空氣阻力。

不假思索地將足球往上踢的話，球會以拋物

線的軌跡飛出去，但**如果想讓球達到最遠的飛行距離，就必須把球朝上45°角踢出。踢出時的初速度若為22m/s，代表足球能飛50 m遠**。

假設踢球的腳重量為足球2倍，也就是0.9kg，那麼腳的速度會是足球速度的一半，也就是11m/s。如果把腳抬起到踢球的時間為0.1秒，那麼速度差不多會是11m/s。若是用腳轉動足球的速度來看，就表示要在1秒內讓球轉2圈半。

以擊中球體中心的方式踢球時，球飛出的過程不會旋轉。當足球以這樣的速度無旋轉飛行，就會受到周圍氣流的影響，形成軌跡飄忽不定的「蝴蝶球」，增加守門員擋下球的難度。由此可知讓球旋轉，反而能把球精準地踢到其他球員的所在位置。

如果踢的位置是足球中心的下側，那麼球的上半部會像圖❷一樣，朝靠近選手的方向旋轉，形成後旋球（**backspin**）。後旋能讓球像飛機機翼一樣，產生一股向上的作用力，把球拉升到比拋物線最頂端還要高的軌道。不過，球拉升到最高點後就會開始墜落，所以沒辦法飛得比拋物線距離更遠。

如果踢的位置是足球中心的上側，那麼球會向前旋轉，形成上旋球（**topspin**，圖❷）。這時將產生一股往下的力量，所以球的軌跡會比拋物線還低，落地的時間當然更早，這是最難讓球飛遠的踢法。

由此可知，只要用適中的力道讓球稍微後旋，球就能以近乎拋物線的穩定軌跡飛出呢。

1 用腳停接住球

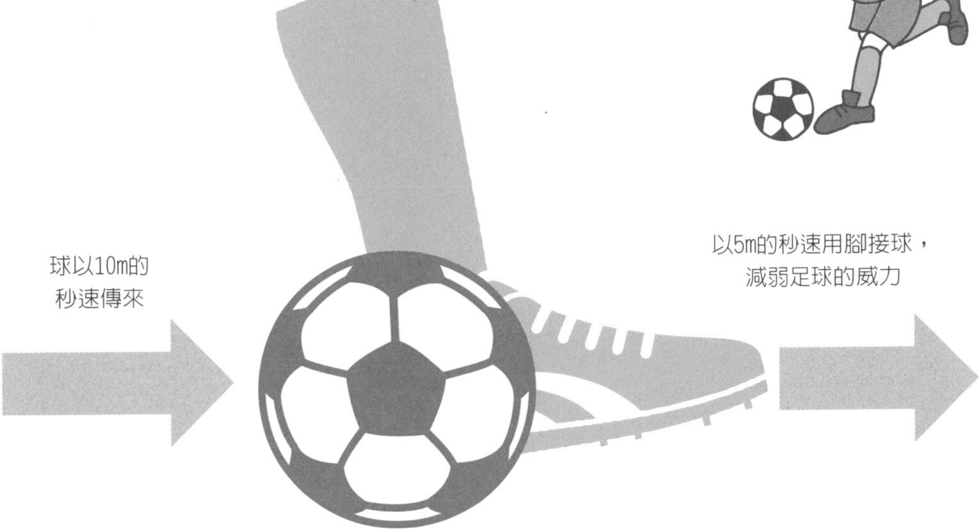
球以10m的
秒速傳來
以5m的秒速用腳接球，
減弱足球的威力

2 不同踢球位置的球路變化

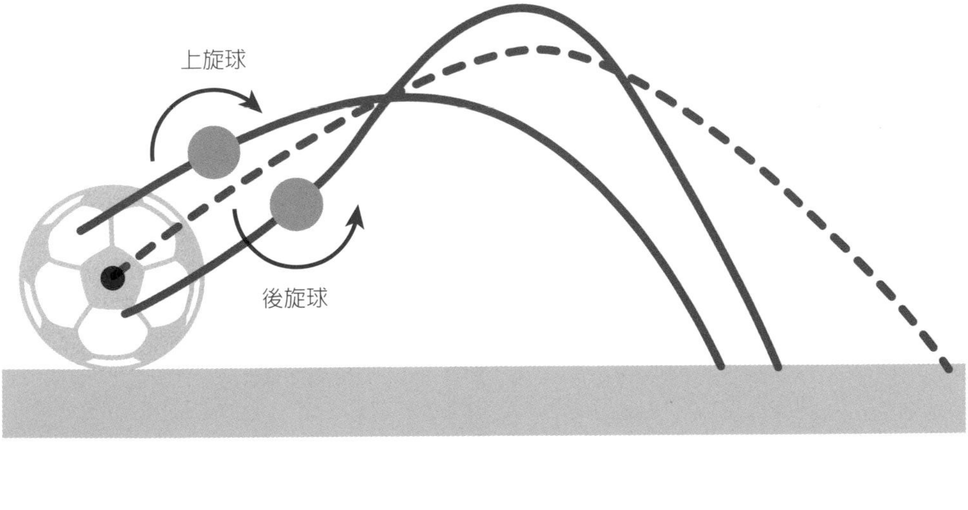
上旋球
後旋球

09

足球②

什麼是旋轉傳球、盤球？

如果有一顆靜止的足球，當踢球的位置不同，球的前進方式也會出現差異，這時可將球的旋轉方式一分為三。舉例來說，**如果踢球的位置是距離地面0．833倍足球直徑的高度（5號足球的直徑是22cm，所以會是離地18.3cm高的位置），那麼球不會在地面滑行，而是立刻開始旋轉**，此踢法又稱為「旋轉球踢法」。

如果踢的位置比旋轉球踢法還要高，球路會變怎樣呢？這時，**足球表面往前旋轉的速度會比球的行進速度（平移速度）更快，換言之，球旋轉減速的方向會出現一股摩擦力**。摩擦力作用的方向就是球前進的方向，所以球的旋轉速度會下降，平移速度提高。足球剛開始會以空轉的方式滑行前進，不過當旋轉速度和球的移動速度一致，球就會開始定速旋轉。

如果踢的位置比旋轉球踢法還要低，球滑行的同時會先以緩慢速度反向旋轉，但隨著轉速提高，前進速度將逐漸下降。根據踢球的位置，會出現上述三種球路。

接著，讓我們順便了解一下盤球。當足球旋轉的速度與選手跑的速度一樣，就表示選手和足球的活動位置會非常靠近。這時，如果踢的位置比旋轉球踢法還要低，就能對球產生一股制動的力量，使選手更容易控球。如果踢的位置較高，那麼足球會開始加速，並往比選手更遠的前方滾動。

另外，如果朝球體中心的下方用力踢，足球可能會飛起或彈跳，增加控球難度。

想要盤球越過對手的話，就必須停接住靜止的球，讓跑速忽快忽慢，或是改變跑的方向，以假動作騙過對方，這時只能靠練習來提升控球的精準度，但只要掌握低球位置比旋轉球踢法更低的技術，相信會讓控球過程更加順利。

1 讓足球不滑行 直接旋轉的踢球位置

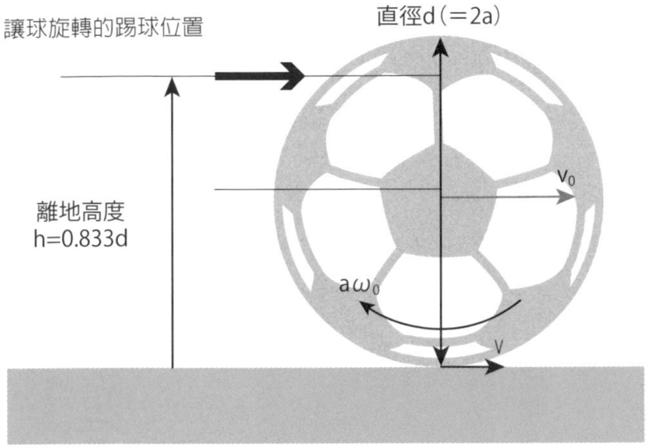

參考 計算公式

- 球的直徑d=2a（a為半徑）
- 滑行速度v，旋轉速度$a\omega_0$、J為踢的衝量 $v=v_0-a\omega_0=\frac{5a-3h}{2am}J$
- 無滑行 $v=0：h=\frac{5}{3}a$

旋轉速度=平移速度

- 滑行速度 $v<0：h>\frac{5}{3}a$

旋轉速度（順時鐘方向旋轉）>平移速度，摩擦力為（+x）方向→使旋轉減速、平移加速

- 滑行速度 $v>0：h<\frac{5}{3}a$

旋轉速度（逆時鐘方向旋轉）<平移速度，摩擦力為（-x）方向→使旋轉加速、平移減速

10

足球③

什麼是角球？什麼又是頂球角度？

這裡讓我們來聊聊頂球射門。

如果像圖❶一樣，把射手配置在球門左側6m處的位置，飛來的角球是5號足球（直徑22cm，重450g），這時，究竟該用頭把球朝哪個方向頂出，才有機會得分呢？

假設球以2．46秒的時間從角球區飛到射手的位置，其距離為41．77m，那就表示球速為17m/s。接著必須透過頂球來維持17m/s的球速並將球射門。球從角球區踢出後，其軌跡會以8．26°的角度朝球門線筆直飛去。如果是從左側球門柱到連起角球區的線上，則會是左手方向81．74°的角度。接著讓我們來思考一下，如果用頂球改變球路，分別把球頂至「從左側球門柱算起50cm處（圖❶的Ⓐ）」「球門中央處Ⓑ」「從右側球門柱算起50cm處（圖❶的Ⓒ）」，讓球進球門時的情況。

假設與球門線平行的方向為x方向，與x方向呈直角，自己看向球門的方向為y方向。**當足球往球門中央處Ⓑ飛去時，角球區、射手、位置Ⓑ會像圖❶所示，形成一個鈍角三角形**。從三角形的頂點朝球門線畫垂直線的話，可以發現交會點正好是面朝球門的左側球門柱，這也是射手所站的位置。

接著，可以從圖❶得知，∠角球區、射手、左側球門柱為90-8.26=81.74°。如果球朝Ⓑ飛去，β=31.38°，那麼這個三角形的鈍角∠角球區、射手、位置Ⓑ會是81.74+31.38=113.12°。

假設球以秒速17m/s（時速61km）從角球區直線飛向射手，接著利用頂球，以相同速度17m/s改變球路，將球頂彈至位置Ⓑ。在頂球力量的作用下，以**u1=17m/s**飛來的足球可以分解成x方向與y方向兩個速度，把兩個速度分別視為**$u1_x$、$u1_y$**的話，那麼**$u1_x$=17×cos(-8.26°)=16.82m/s、$u1_y$=17×sin(-8.26°)=2.44m/s**（角度的負號代表從球門線以順時針方向所量測之角度）。**至於y方向的速度為什麼會加上負號，是因為面朝球門的方向是正的（加），所以代表球往離球門較遠的方向飛去。**

如果把頂球後的球速**u2=17m/s**也分解成x方向與y方向兩個速度，那麼**$u2_x$=17×sin(β)=8.85m/s**、**$u2_y$=17×cos(β)=14.51m/s**（**∵β=31.38°**）。頂球賦予球體的作用力F可以用球的動量變化來呈現，所以頂球時，接觸球（質量m=0.45）的時間Δt=0.1秒，以F_x、F_y來表示x方向與y方向的作用力。那麼

$$F_x=\frac{m(u2_x-u1_x)}{\Delta t}=\frac{0.45\times(8.85-16.82)}{0.1}=-35.87\text{N}$$

$$F_y=\frac{m(u2_y-u1_y)}{\Delta t}=\frac{0.45\times\{14.51-(-2.44)\}}{0.1}=76.28\text{N}$$

F_x會帶負號，是因為這個方向的作用力與球飛來的方向為反方向（-x方向）。

頂球時與垂直線所形成的角度為

$$\alpha=\tan^{-1}\left(\frac{35.87}{76.28}\right)=25.2°$$

力大小$|F|$則是

$$|F|=\sqrt{F_x^2+F_y^2}=\sqrt{(-35.87)^2+76.28^2}=84.3\text{N}$$

這就像是將手握8.6kgf重物時所需的力量施加在頭部。

不過，頂球時的施力方向並非朝向Ⓑ處，而是鈍角一半角度的方向。頂球動作只改變方向，球速維持不變，就像是恢復係數為**1**的球斜斜

碰撞牆壁時所形成的反彈。換句話說，入射角相當於反射角，力的方向就會正好與該中心線的方向一致。這麼看來，在足球比賽時，只要先掌握角球區和球進門位置的角度，並朝這個角度一半的方向頂球即可。

1 頭頂角球的角度

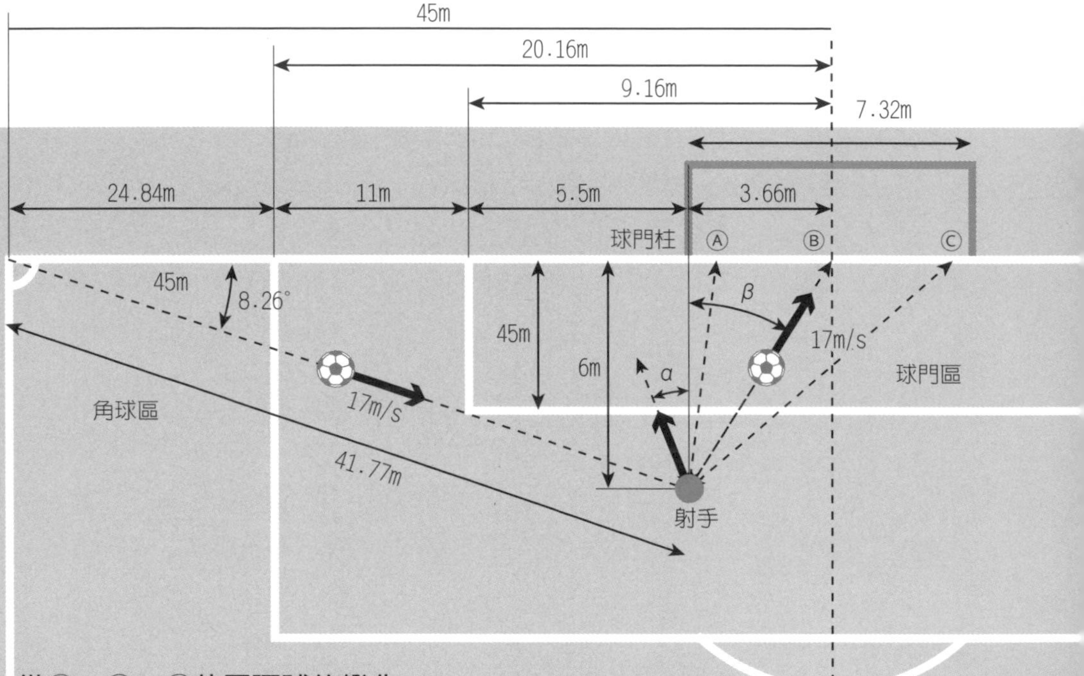

從Ⓐ、Ⓑ、Ⓒ位置頂球的變化

	距離（m）	角度（°β）	頂球角度（°α）	抵達時間（秒）	頭部承受的力量（N）
Ⓐ	6.02	4.76	38.5	0.35	111.4
Ⓑ	7.03	31.38	25.2	0.41	84.3
Ⓒ	9.08	48.66	16.5	0.53	64.2

11

網球

旋球的旋轉速度、球速及摩擦間的關係？

網球為白色或黃色，表面是絨毛材質，重量介於56．0～59．4g，直徑規格則為6.54～6.86cm，如果從**h_1=254cm**的高度落下，網球必須反彈至**h_2=135～147cm**的高度，由此可以得知恢復係數e為

$$e=\sqrt{\frac{h_2}{h_1}}=0.73\sim0.76$$

另外，網球的摩擦係數為0．6。如果是職業網球選手，發球的初速度甚至可高達時速200km（=秒速55．6m）。

網球其實有個和其他球類截然不同之處，那就是球體上充滿絨毛。網球的絨毛材質有兩個作用，第一是讓球體周圍的氣流穩定，降低空氣阻力，如此一來飛行中的球速就不會變快或變慢，也不會出現無法預測的球路。如果網球表面少了絨毛，球體後方就會形成氣旋，除了要承受龐大的空氣阻力，球體還會受氣旋影響變得搖搖晃晃（圖❶）。

網球的絨毛還有另一個作用，那就是球從地面彈跳起來或是球拍擊中球體時，球體會接觸地面或凹凹凸凸的網球線，使摩擦力變大，如此一來就更能讓網球旋轉，網球觸地後的彈跳變化模式也會更加複雜（圖❷）。

旋球（spin），是指讓球體旋轉。上旋球的球體會以順時針方向旋轉。反觀，球的旋轉方向與球路相反時，則是後旋球。

探討網球飛行速度與旋球旋轉速度的關係時，可以發現飛行速度（球速）會影響轉速的快慢。假設上旋球的球速慢，但順時針旋轉的速度

快，那麼速度方向會在與地面的接點處轉向後方（圖❸）。這時，摩擦力不僅會使轉速變慢，由於作用力的方向與球路方向一致，所以球在旋轉狀態下觸地的同時，球也會往前突然加速。

相反地，如果球順時針旋轉的速度慢，球速快，那麼球觸地時的速度會朝向前方。不過摩擦力是一股朝向後方的力量，所以會使球旋轉的速度變快，球飛行速度變慢。話雖如此，只要球帶有相當的飛行速度，就會先在地面滑行，接著才開始旋轉。

如果是後旋球，那麼球觸地時的旋轉方向會與球路方向一致，這時無關乎旋轉速度及球的飛行速度，都會對前進方向產生一股向後的摩擦力。**摩擦力會在旋轉速度加上球飛行速度的狀態下極大化，因此網球表面和地面會在高速摩擦下變熱。另外，向後的摩擦力還會使球的轉速變慢，最後從後旋轉變成上旋**。

接著讓我們來探討一下，當網球斜向碰撞網球場地面後彈跳起來的情況。在沒有摩擦力的

1 網球表面毛絨絨的材質能改變氣流

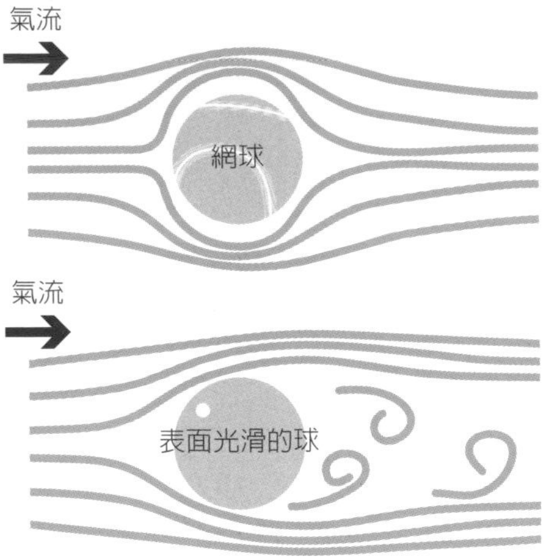

2 上旋球與後旋球

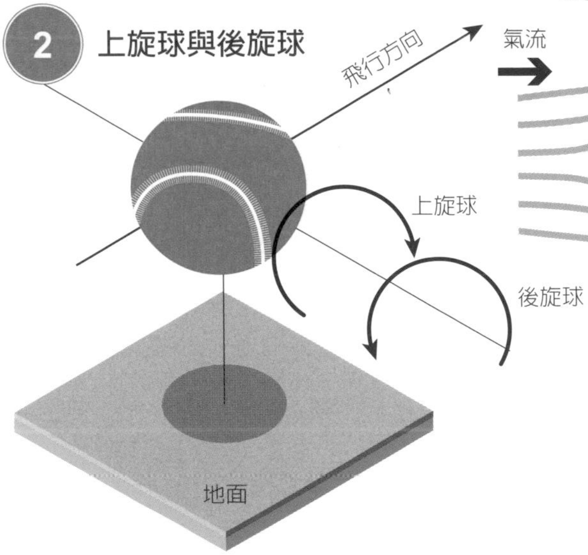

前提下，假設網球會跟圖❹一樣，飛行方向和地面會形成42°的夾角，並以27m/s的速度相觸。與網球場地面平行的速度為20m/s，因為這裡不考慮摩擦力，所以網球觸地彈起後的速度會維持不變。球觸地前的垂直速度若是18m/s，觸及地面後球會彈跳並轉變成朝上的速度，可以用碰撞前的速度乘上恢復係數求得，所以是12.6m/s。

圖❹的球在觸地後，彈起角度為32°，所以可以得知會比觸地彈跳前的角度42°還來的小。**當恢復係數愈小（彈跳程度小），球在碰撞後飛出的角度也會愈小**。不過，當恢復係數等於1就會形成彈性碰撞，只有在這個情況下，碰撞前後的角度會完全一樣。

現在來進一步思考，球在沒有旋轉的狀態下碰觸地面時，會形成怎樣的摩擦效果。在這個狀態下，碰觸網球場地面瞬間所產生的摩擦力會使網球水平方向的速度減緩，同時產生上旋的作用力（圖❺），觸地的垂直速度也會隨恢復係數變小，所以碰撞後網球的斜飛角度將取決於球速快

3 旋球與球速的關係取決於摩擦力方向

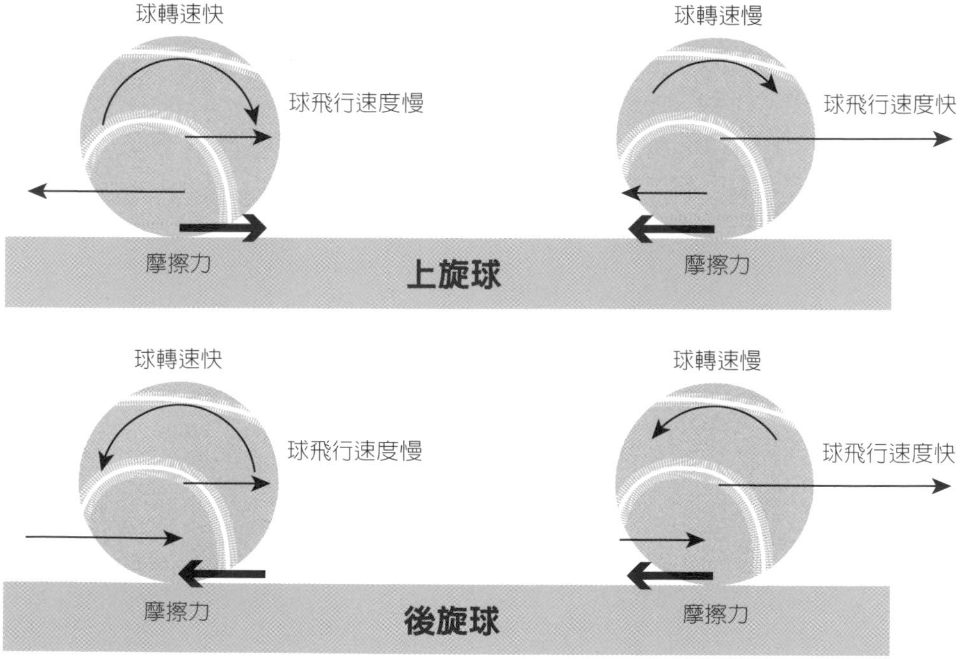

慢。舉例來說，**當摩擦造成明顯減速時，角度就會變大，使球朝上飛去。再加上摩擦作用力的方向與球路相反，所以球彈跳時會上旋**。

如圖❻所示，旋轉速度很快的上旋球以某個角度碰撞地面時，彈起的速度會加快，形成銳角並飛出，但旋轉速度會變慢。如果旋轉速度很慢，那麼球碰撞地面後飛行速度也會變慢。不過，仍有可能出現球彈起時形成鈍角，轉速加快的情況。

如果是轉速很快的後旋球，那麼會像圖❼一樣，球速在觸地時變慢，彈跳的角度也會是鈍角。雖然球的轉速同樣會變慢，但也有可能轉變成上旋球。彈跳的角度有可能和最剛開始的差異不大，或是大幅改變。

用不同的方式旋球，就能讓球況出現無法預料的變化，不過，網球場的地面是泥地？草地？**其實接觸面質地不同，以及網球的新舊程度也會在摩擦係數上的帶來差異**，建議各位務必注意到這幾個環節。

4 恢復係數為**0.7**的網球
在碰撞無摩擦力表面時的狀態

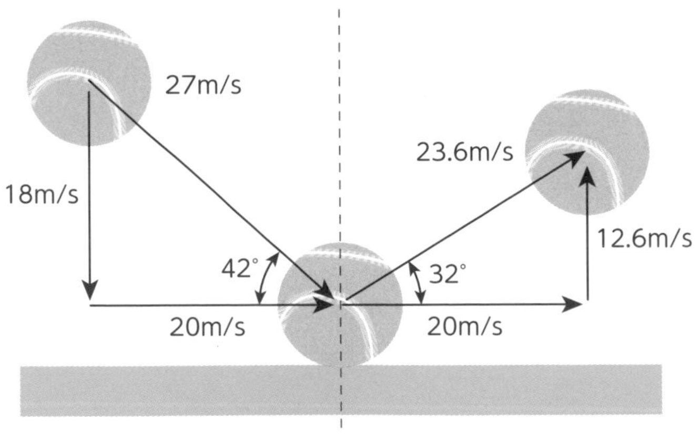

5 球在無旋轉狀態下和接觸面碰撞

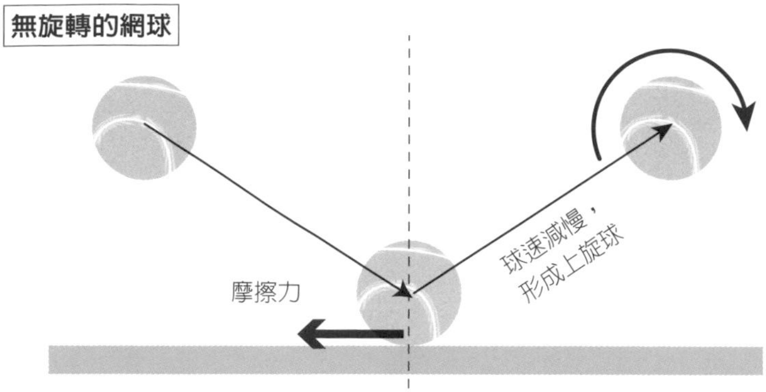

6 上旋的轉速差異會形成不同的彈跳結果

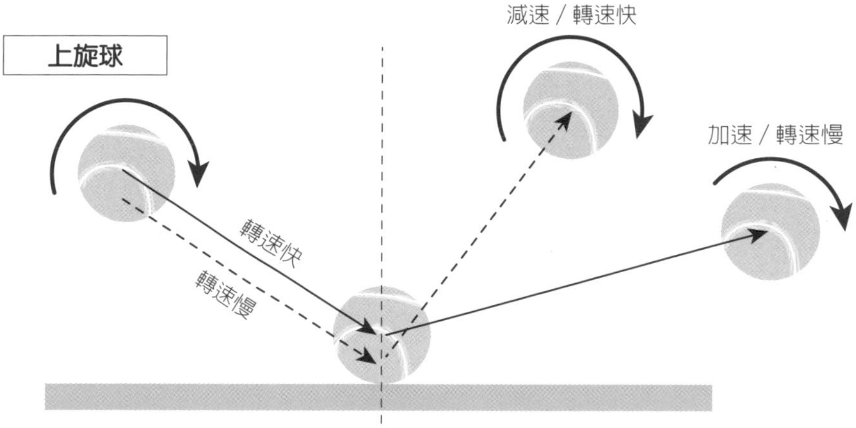

7 後旋的轉速差異會形成不同的彈跳結果

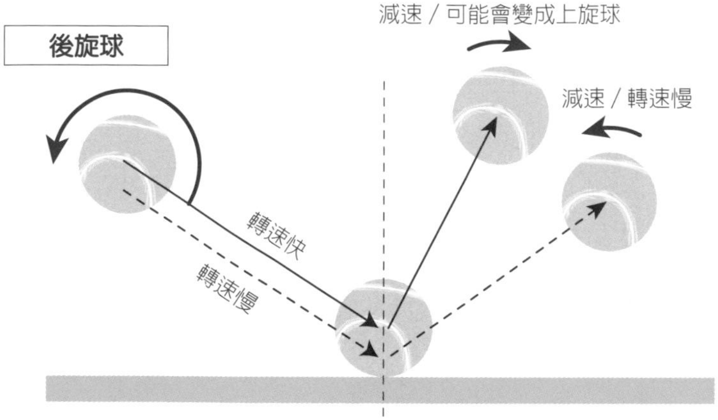

棒球

犧牲觸擊時該如何收棒才能讓球速歸零？

前巨人隊選手，人稱觸擊專家的川相昌弘在23年的職棒生涯犧牲觸擊了533次，為目前金氏世界紀錄保持人。川相選手的觸擊成功率高達9成多，非常厲害。正如我們所知，觸擊是把球棒握把拿靠近重心位置，並用球棒碰觸投來的球，讓球滾落於內野範圍。因為球棒就固定在打者目光附近，所以揮棒落空的機率很低。

棒球直徑7.4cm，重145g，假設球以137km/h（=38m/s）的速度飛來，從圖❷可以看出球碰觸到固定球棒時的情況。

對此，我們來思考一下棒子觸擊球之後，球速歸零，棒球咚地往下墜落的部分。根據動量守恆定律，這代表球飛來方向的動量為0。**棒球和球棒擁有的動量總和，會與兩者變化後的動量總和一致，這就是動量守恆定律**。

重0.145kgf的棒球以38m/s的速度飛來時，動量為$p_{ball}=mv$，所以$p_{ball1}=0.145\times38=5.51kgm/s$。球棒重量為0.910kgf，剛開始處於靜止狀態，所以速度為0m/s。由此可知，球棒所具備的動量$p_{bat1}=0kgm/s$，那麼最初狀態（會以1來標示）的動量總和會是$p_{ball1}+p_{bat1}=5.51+0=5.51kgm/s$。

球棒觸擊球（會以2來標示）之後，如果要讓球速歸零（$p_{ball2}=0$），就表示球棒的動量（p_{bat2}）必須是$p_{ball2}+p_{bat2}=0+p_{bat2}=5.51kgm/s$，這時可以算出$v_{bat2}=5.51/0.910=6.05m/s$，換句話說，只要以6.05m/s的速度，朝和球路一樣的方向移動球棒並碰觸棒球。這表示觸擊的同時須往後收棒，必須以0．05秒的時間後縮30cm。這時，**球對球棒施加的力量為0.145×**

{0-(28)} /0.01=406N，相當於提起約41kg重物的力量。由此可知，比起讓球直接觸擊固定的球棒，收棒觸擊所承受的來球衝擊反而會小一些。

捕手接球的同時，把手套往後收比較不會手痛，其實就和觸擊收棒的道理相同呢。

1 觸擊姿勢

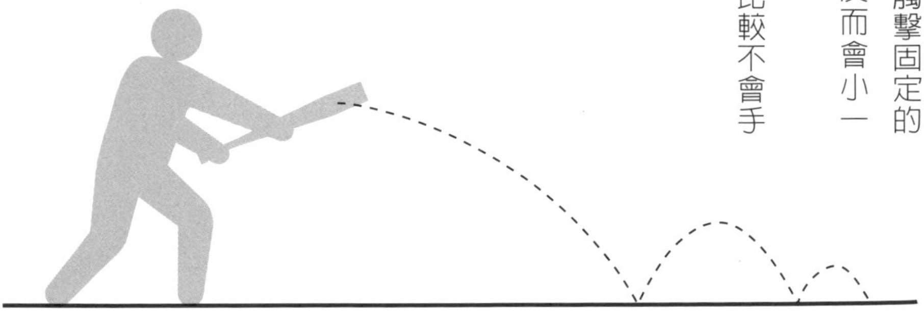

2 透過觸擊讓球速歸零

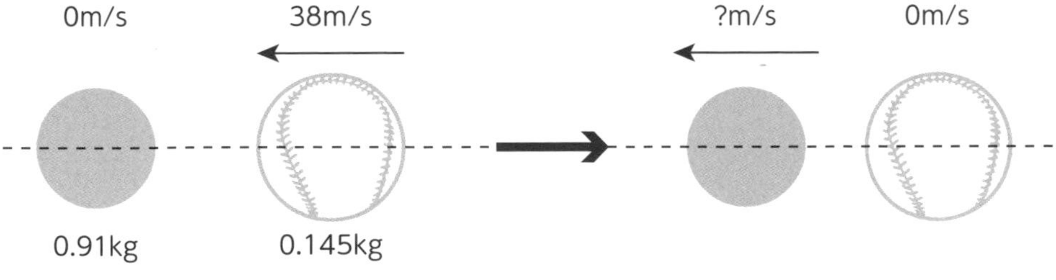

棒子和球的恢復係數為0.4。如果棒子在不動狀態下觸擊球，球會以球速乘以恢復係數的速度彈跳，也就是38×0.4=15.2m/s。

如果球是在腰高1m處與棒子相觸，那麼球落地的時間會是0.45秒，並滾落在15.2m/s×0.45s=6.8m前方處。假設兩者相觸的時間為0.1秒，在不動棒子的前提下，手必須支撐住0.145× {15.2-(-38)} /0.01=771N的力量。這相當於要在一瞬間（0.1秒）舉起79kgf的重物。

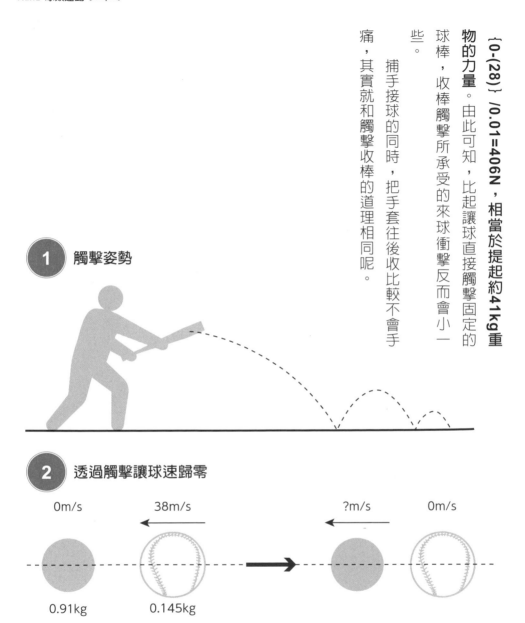

13

籃球

射籃的軌跡與合理的地板傳球角度？

籃球的三分線與籃框下的距離為6．75m。如果從2m高的位置射籃，籃框的高度會再高1．05m。籃框直徑45cm，籃球直徑為24.5cm，球重650gf。想要讓球垂直落入籃框正中央的話，籃框與球之間必須有10.25cm的空隙。

接著，**如果球進框時帶有傾斜角度，那麼從球的角度看籃框時，籃框會像圖❶的虛線一樣，呈橢圓形。這意味著一旦橢圓的短軸d_s小於24.5cm，球就無法進框**。因為我們可以從$d_s>0.45\times\sin\theta$，求得$\theta>33°$的結果（圖❷），所以只要射籃的拋物線角度至少有33°就能進框。

圖❸是指選手從2m高的位置朝45°方向射籃的動作。籃框比球離手的高度還要再高1．05m，水平方向的距離為6．75m。如果要以33°的角度，朝這個位於1．05m高（離地3．05m）的籃框射籃，那麼可以試著算出射籃的速度**U m/s**。

方程式如下所示。

$$u_0=U\cos45°,\ v_0=U\sin45°$$

$$t=\frac{6.75}{u}=\frac{6.75}{U\cos45°},\quad u=u_0,\quad v=-gt+v_0$$

$$\left|\frac{v}{u}\right|_t=\tan33°$$

從這些資訊，可以得到能求出U的公式，如下所示。

$$U=\sqrt{\frac{6.75\times9.8}{\cos45°\times(\sin45°+\cos45°\times\tan33°)}}=8.96\text{m/s}$$

換句話說，只要以8.96m/s的速度朝45°方向將球擲出，籃球會形成拋物線的軌跡，並在從擲球起點算起水平方向4．10m處達到最高點2．05m（從起點算起的高度）。接著再沿著拋物線路徑落下，並以33°的傾斜度唰地穿越籃框。**這也是籃球入框的最短軌跡，所以初速度僅U=8.96m/s**。

接著來了解一下地板傳球。當選手被防守困住，無法胸前傳球時，就必須把球往地面傳送，透過反彈將球傳給隊友。這時，該以怎樣的角度與力道把球傳出，才能讓隊友更容易接住球呢？

球離手時會因為重力呈拋物線移動並往下墜落。假設選手必須把球傳給相距2．8m的隊友，讓隊友順利接到球。把球傳出的高度為腰際處，那就是1．15m。**這時以5.78m/s的速度，將球朝水平往下44°的角度推出。提供各位一個參考值，那就是從手的下方算起，瞄準1．37m前方擲出球的話，就能形成40°的角度**。這時，籃球會順著拋物線，在從手的下方算起9m前方處的地面彈起。

球彈起時的速度與碰撞地面瞬間的速度大小比例稱為恢復係數。籃球的恢復係數為0．85，所以彈起的速度會是碰撞瞬間速度的85%，這個過程中雖然會失去一些能量，但其實這些能量會轉為熱能，使地面增溫。

在重力影響下，球觸地時的速度會比傳出時的速度5.78m/s更快，達7.48m/s。針對碰撞地面的角度，從地面算起為56°。如果想讓球朝地面算起52°的斜向，以6.72m/s的速度彈跳2m遠，那麼就要以水平4.2m/s的速度，彈跳至隊友1．4m高的胸口處。這時球的軌跡會呈拋物線，拋物線的頂點正好是隊友的胸口處。

從圖❹可以看出，**球彈跳的位置並不是傳球選手與接球隊友的中間，而是1：2的相對位置**。球傳出0．2秒後會彈起，彈起後0．5秒隊友就會接住球，總計花費0．7秒。球離手時的速度為4.20m/s，想要用0．1秒的時間接住球，讓球速歸零的話，就表示需承受

F=0.65×4.20/0.1=27N，相當於握持2.8kgf左右的重物。

為了作比較，這裡又以5.78m/s的速度朝上49°的方向等距傳球，球在描繪出拋物線，抵達隊友手中的時間為0.79秒，意味著**地板傳球的速度會比胸前傳球更快**。

1 斜看圓形籃框時，看起來會是橢圓形

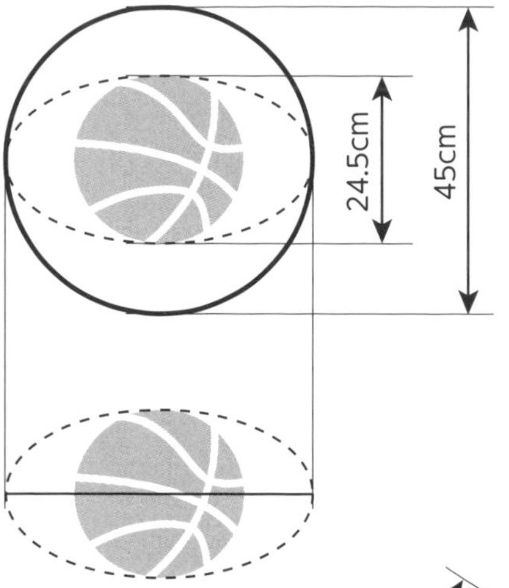

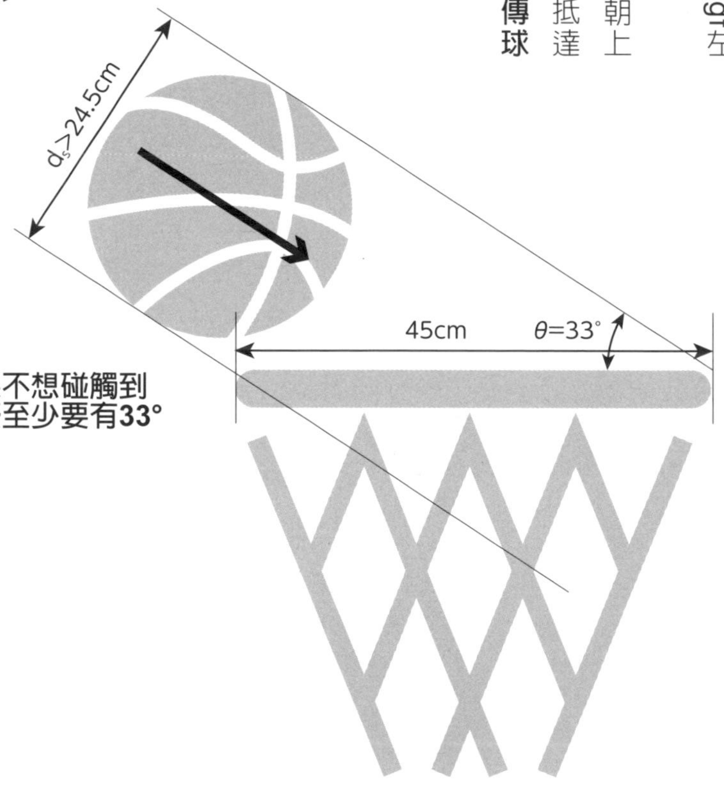

2 射籃時如果不想碰觸到籃框，那麼至少要有**33°**的傾斜角

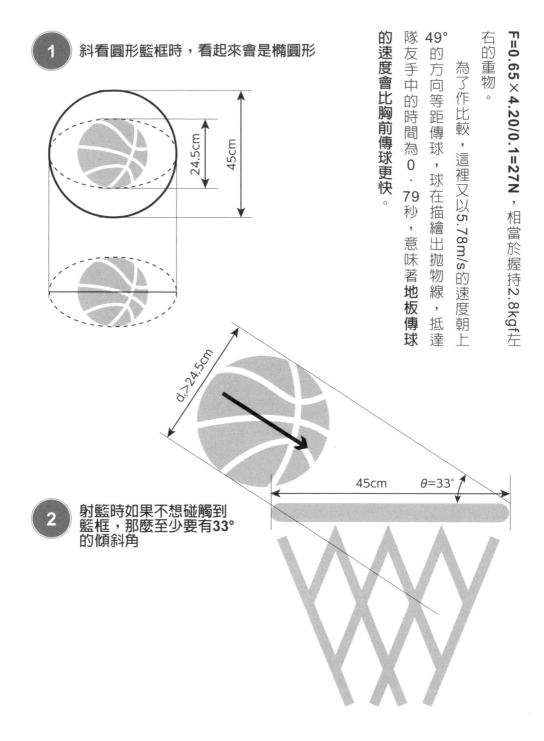

3 三分射籃的最短軌跡

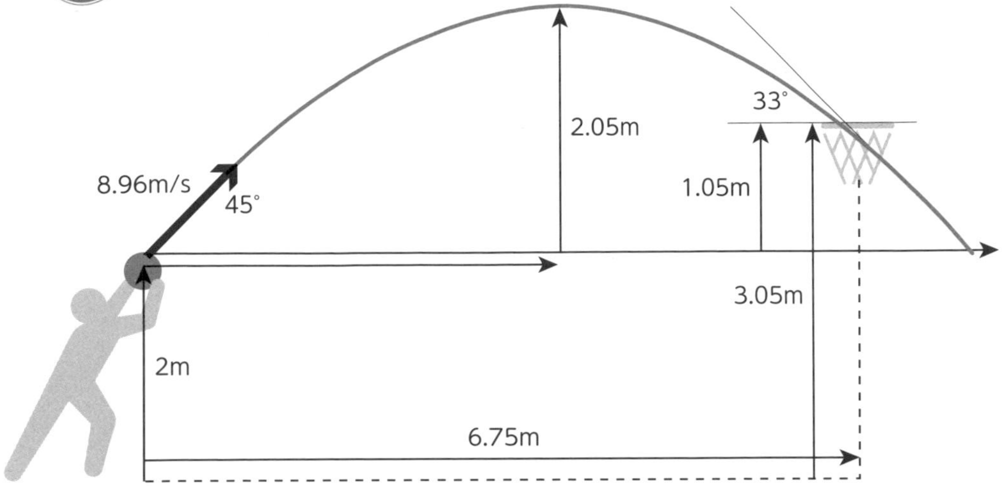

4 地板傳球的球路軌跡

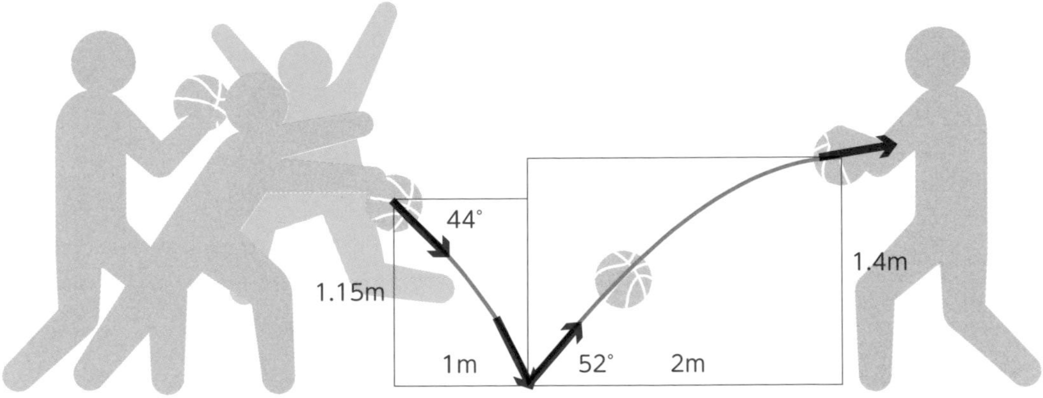

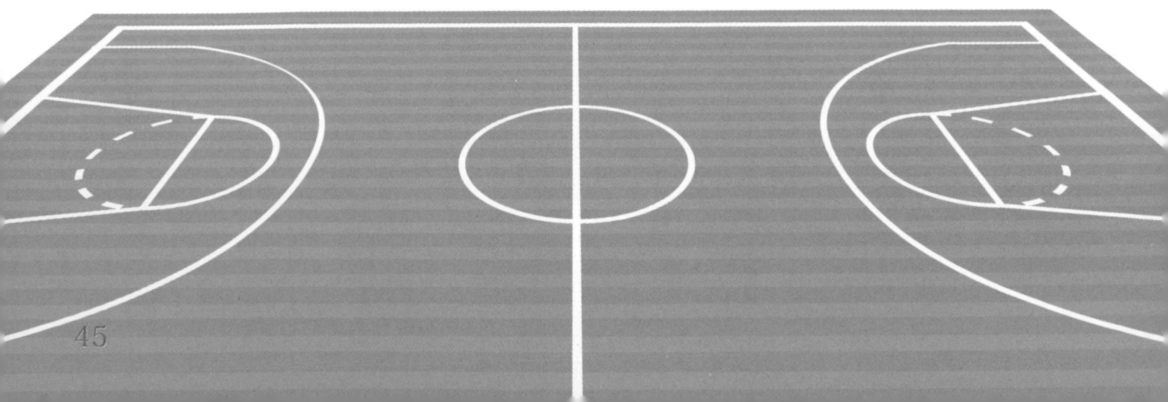

14

排球

什麼是雷諾數？為什麼能讓對手無法掌握無旋轉殺球的球路？

圖❶是6名選手在9ｍ方形排球場地的守備範圍。男子排球的球網高度是2．43ｍ，假設每位選手必須負責守備區域是從腳邊算起到手臂伸直的半徑範圍（以平均2．4ｍ來計算），單純看圖的話，可以發現重疊區域會有2～4位選手負責守備，照理來說無論球打到哪裡都接的到。想要突破這毫無漏洞的守備範圍，就必須靠佯攻讓對手位移形成漏洞，否則只能靠對手做好守備隊形前趕緊發動攻勢。

假設我們要從網邊A點瞄準對角線上的後方邊角殺球。邊角B只有1人守備，所以有機會得分。如果殺球時速為150km，那麼秒速就是**41.7m/s**，A點到後方邊角的距離為

$\sqrt{9^2+9^2}=12.7m$

如果跳起從3ｍ高處殺球，讓球直線飛行的話，排球的移動距離會是

$\sqrt{3^2+12.7^2}=13.05m$

由此可知，球抵達B點的時間為

13.05/41.7=0.31秒。

據說人需要0．2秒的時間才能做出反應，這代表從對手殺球瞬間算起，每0．1秒就必須移動2．4ｍ，會是2.4/0.1=24m/s的速度。要在0．1秒達到這個速度的話，加速度會是24/0.1=240m/s^2。假設體重為80kgf，想達到前述的加速度，就必須具備**F=80×240=19200N**的力量。換句話說，要舉起相當於2噸的重物，根本不可能對吧。

相反地，如果以撲倒加速度＝重力加速度，反算出移動2．4m的時間，得到結果會是

$$t=\sqrt{2\times2.4/9.8}=0.7秒$$

從殺球瞬間算起會是0.2+0.7=0.9秒，所以只要以先前提到的速度擊球就能得分。順帶一提，花超過0．9秒殺球的話，球速將會低於13.05/0.9=14.5m/s，換算成時速就是52km/h以下。如果以這個速度殺球，把球從網邊打到3m遠的位置時，球觸地所需時間為

$$\frac{\sqrt{3^2+3^2}}{14.5}=0.29秒$$

那麼對手當然接不到球。總歸一句，重點在於如何運用佯攻讓對手的守備隊形出現漏洞。

110km/h的發球相當於秒速30.6m/s。排球直徑20cm，接著我們要求出能知道以這個速度飛行時，球體周圍氣流狀態的雷諾數*Re（＝尺寸×速度／氣流黏滯係數），氣體黏滯係數為$1.5\times10^{-5}m^2/s$，所以**$Re=0.2\times30.6/1.5\times10^{-5}=4.08\times10^5$**。從圖❷來看，會正好落在**臨界雷諾數（Critical Reynolds number）**的位置，這也**是以無旋轉方式擊球時，球體遭遇的氣流會出現分離狀態並劇幅改變的時候。因為球路會變得無法預測，對手當然就很難接到這樣的發球。**

其他球類運動亦是如此。只要球體處於臨界雷諾數的狀態，球路就會明顯改變。其實我們從過去的經歷都能領會到，因為這些無法預測的變化，才有辦法增加競技的趣味性，進而衍生出各式各樣的球技。

處於臨界雷諾數附近時，從前方測量氣流分離的位置，會得到約85°的角度。一旦超過臨界雷諾數，角度就會變成120°左右，那麼後方的負壓區域會跟著縮小，這也是為什麼會**減阻（Drag reduction）**的原因。

高爾夫球也是有效運用減阻的另一項球類運動。球體表面的小凹槽（Dimple）能擾亂氣流，就算因為臨界雷諾數變小，平常不易形成的

＊ **雷諾數（Reynolds number；Re）**：把速度乘以球體直徑後，再除以用來表示空氣黏度的氣流黏滯係數就能得到雷諾數。當球速愈快，雷諾數當然就愈大。達到一定速度時，空氣阻力會突然變小，這時的雷諾數會稱為臨界雷諾數。

雷諾數，也能將氣流分離位置往後推，使阻力變小，球飛得更遠。

為球體表面賦予特徵的縫線、材質、旋轉數、旋轉方向的差異都能改變臨界雷諾數，所以很難去預測怎樣的球速能讓阻力出現顯著變化。

1 排球場的半場與守備範圍

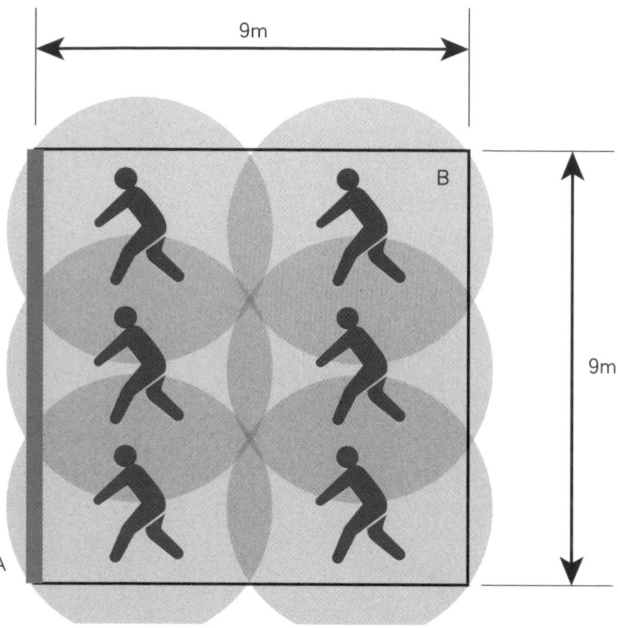

2 排球雷諾數與阻力係數的關係變化

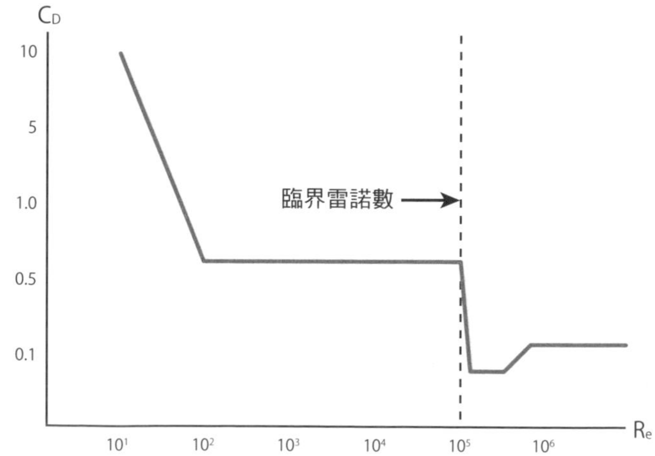

桌球

什麼是加強球旋轉力道，拉高升力的自旋效應？

根據ＩＴＴＦ（國際桌球總會）的規定，桌球直徑須為40.0～40.6mm，重2．67～2．77g，並以塑膠製成。球桌高度76cm，桌面長274cm×寬152.5cm，架設於中間的網子高度為15.25cm。

桌球讓人津津樂道之處，在於兩邊的選手用橡膠球拍一來一回地拍打旋轉力道強勁的桌球。這裡我們就來參考圖❶作進一步探討。附帶一提，球和桌子的恢復係數為0．876。

當球旋轉時，周圍的空氣也會被拉扯跟著旋轉，在球體周圍形成漩渦。這個漩渦的強度可用循環Γ來表示，與球體轉速**n[rps]**、角速度（旋轉速度）**Ω[rad/s]**、球體半徑**r[m]**之間的關係如下。

$$\Gamma=2\pi r^2\Omega=4\pi^2 r^2 n \quad \rightarrow ①$$

擁有此循環的物體如果以U[m/s]的速度前進，那麼會形成一股與前進方向呈直角的升力*L。升力如下所示。

$$L=\rho U\Gamma\times cr \quad \rightarrow ②$$

ρ為空氣密度，所以**ρ=1.2kg/m³**。**c**則代表1m長的圓柱升力，所以能當作換算成球體的係數。如果把球體所形成的升力假設成圓柱，那麼會相當於半徑**r**倍數長（**cr**）的圓柱，從試驗結果**可將c視為0.05**。

根據公式①和公式②，代入數值後就是

＊ **升力**：球前進時，與前進方向呈直角的力量。球通過氣流時會形成一股扭轉的反作用力，當球體周圍的氣流對稱，就不會產生升力。

$$L=4\pi^2\rho r^3 nU\times c=1.89\times10^{-5}\times nU \quad \downarrow ③$$

所以，**升力和球轉速與速度的乘積成正比**。從公式中也可以發現，如果球不旋轉，就會維持 n=0，因此不會形成升力。另外，當旋轉軸朝向前進方向時，同樣不會有升力。上旋的升力會朝下作用，後旋的話則是朝上作用。下圖是從上觀察球旋轉時的模樣，球會往左彎，相反情況下則會往右彎。

從公式③也可得知，**打擊時如果能提高轉速，那麼升力也會跟著變大，變得更會轉向**。如果只是拉高球速，會使球飛出界，所以**加強轉速，提高升力將是不錯的策略**。

1 旋球扣殺與升力

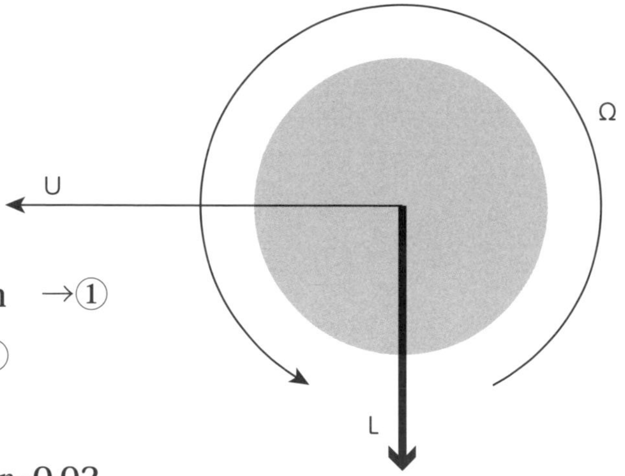

$$\Gamma=2\pi r^2\Omega=4\pi^2 r^2 n \quad \rightarrow ①$$

$$L=\rho U\Gamma\times cr \quad \rightarrow ②$$

$$\therefore L=4\pi^2\rho r^3 nU\times c$$

$$c=0.05,\quad \rho=1.2,\quad r=0.02$$

$$\therefore L=1.89\times10^{-5}\times nU\ [N] \quad \rightarrow ③$$

2 扣球的軌跡

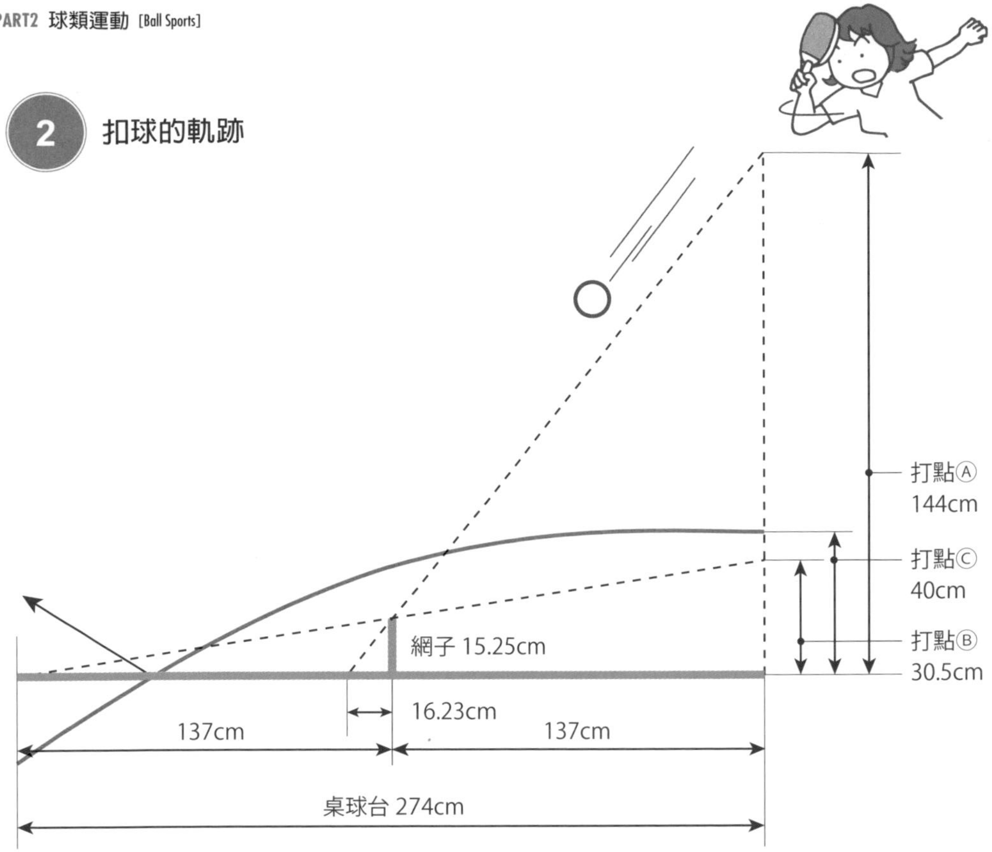

●打點Ⓐ

身高170cm的選手從台上144cm高處直線擊球

▼

會在距離網子16.23cm的對手桌球台上彈起

●打點Ⓑ

同位選手從台上30.5cm高處直線擊球

▼

會在對手桌球台的邊緣彈起。

●打點Ⓒ

同位選手從台上40cm高處上旋扣球

▼

水平軌跡再加上重力加速度的升力所帶來的加速度，使桌球急速下降。在觸及從對手桌球台邊緣算起接近3分之1的位置後，會形成一股往前的摩擦力，彈跳角度變小，球速加快，球的轉速反而會因此變慢。

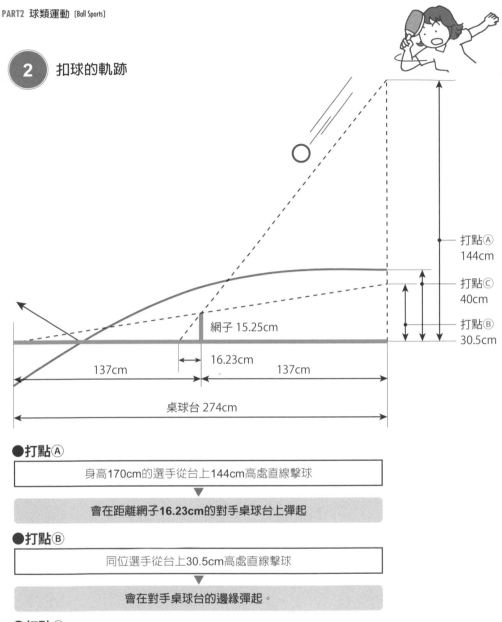

16

羽球

很難預測球路的羽球該怎麼打？

羽球男子選手的平均殺球速度為400km/h（=111m/s），女子也有355km/h（=98.6m/s）。單打賽事的場地為長13．4m×寬5．18m。

這裡就假設桃田賢斗選手揮動長680mm的球拍，從球場邊角朝對角線，也就是對手那邊的邊角殺球。當選手身高175cm、臂長70cm、從握把到球拍甜蜜點的距離為60cm時，擊球點會是離地3．05m高的位置。場地對角線長為14．37m，羽球（軟木球頭）的直線飛行距離就會是

$$\sqrt{14.37^2+3.05^2}=14.69m$$

因為網子中間的高度為1．524m，假設球是以非常近的距離掠過網子。如果能維持111m/s的速度飛行，那麼球抵達對角線的時間為0．132秒。人需要0．2秒的時間才能做出反應，所以對手會來不及行動。

不過，實際上羽球無法維持相同速度直線飛行。羽毛梗之間的空隙會使空氣阻力增加。換句話說，由於羽毛排成圓圈狀，使空氣阻力係數變大。

羽球尺寸須符合羽球競技規範（參考圖①）。重量則須滿足**4.74～5.5gf**。質量m的物體會承受$\vec{D}$的空氣阻力，在無動力（沒有引擎等的協助，因此推力為零）條件下，飛行物體的運動方程式如下。

$$(m+m')\frac{d\vec{u}}{dt}=\vec{W}-\vec{D} \quad \cdots ①$$

m'為附加質量。也是非*恆定運動時，帶動周圍空氣所需的力量。因為是附加了某個體積的空氣質量，所以稱為附加質量。

恆定運動時的附加質量為0。不過，與一般物體的質量相比，空氣的質量可能還不到物體質量的1/1000，除非是非常精密的計算，否則多半會忽略掉，所以這裡也選擇忽略。→符號代表向量。→D前面的負號則代表妨礙運動的方向。如果是平面運動，就會形成由x、y兩個方向所構成的運動方程式，寫法如下。

$$m\frac{du}{dt}=-D_x$$

$$m\frac{dv}{dt}=-W-D_y \quad \rightarrow ②$$

W代表重量，所以W=mg。負號則是因為垂直往上代表正，那麼重力方向就是負的意思。接著分別以D_x、D_y來表示→D的x與y方向。可以得到下述公式。

$$D_x=C_{Dx}\frac{1}{2}\rho u^2 A_x$$

$$D_y=C_{Dy}\frac{1}{2}\rho u^2 A_y \quad \rightarrow ③$$

ρ是空氣密度，A_x、A_y是指從x及y方向觀察物體時所見的投影面積，C_{Dx}、C_{Dy}則分別是從x及y方向觀察物體形狀時所對應的阻力係數。如果是球體的話，無論從哪個角度觀察都會是圓形，所以從x、y方向所見的投影面積及阻力係數都會是一樣的。不過，從圖❷又可得知，羽球的飛法不同，得到的數值也會不同，所以要預測球路沒那麼簡單。

圖❸比較了羽球的實際球路和拋物線，從中就能看出，球路明顯受到空氣阻力的影響。圖❹則是公式①算出的結果與實際球路的比較，其實也會發現材質所帶來的差異。

對了，羽球還可依室溫分成幾種類型，並以號碼（速度）做區分，包含了夏天用的1號：33℃以上、2號：27~33℃；春秋用的3號：

＊ **非恆定運動**：物體以固定速度運動稱作恆定運動。如果速度會隨著時間等比加快，例如自由落體運動，這類速度會隨時間變化的運動則稱為非恆定運動（沒有維持不變）。

22～28℃、4號：17～23℃；以及冬天用的5號：12～18℃、6號：7～13℃等。以特徵來說，夏天用的羽球飛不遠，冬天的能飛比較遠。每個號碼的飛行距離大約差30cm，會有這樣的差異，是因為考量到公式③裡頭，氣溫對空氣密度帶來的影響。

氣溫0℃時，空氣密度**ρ=1.251kg/m³**、20℃：1.166、40℃：1.091，代表氣溫愈高，密度會愈小。羽球在40℃時的密度比0℃高出14.7%，根據公式③，就能得知氣溫0℃的空氣阻力比40℃的時候大，所以才會刻意讓夏天用的羽球飛不遠。這時會以加大阻力的方式避免夏天用羽球太會飛，同時降低冬天用羽球的空氣阻力來作調整。

1 鵝毛與天然軟木製成的羽球（軟木球頭）

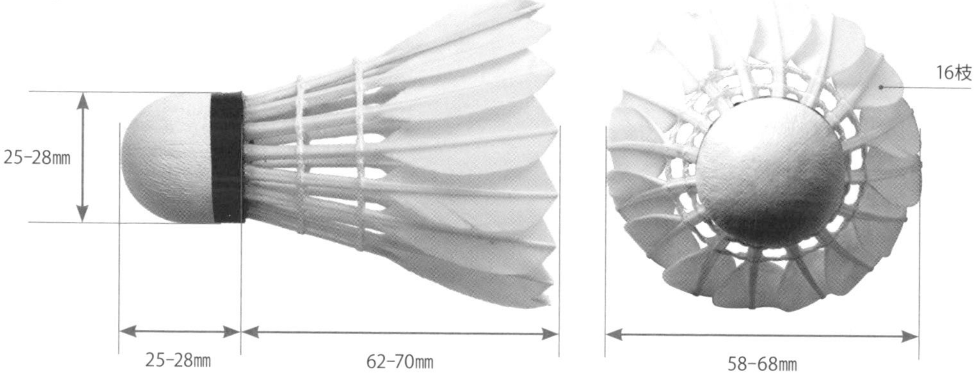

2 羽球飛行軌跡範例

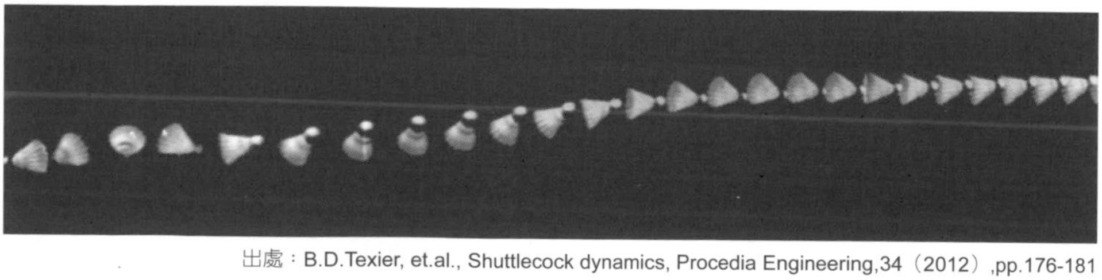

出處：B.D.Texier, et.al., Shuttlecock dynamics, Procedia Engineering,34（2012）,pp.176-181

3 羽球球路與拋物線的比較

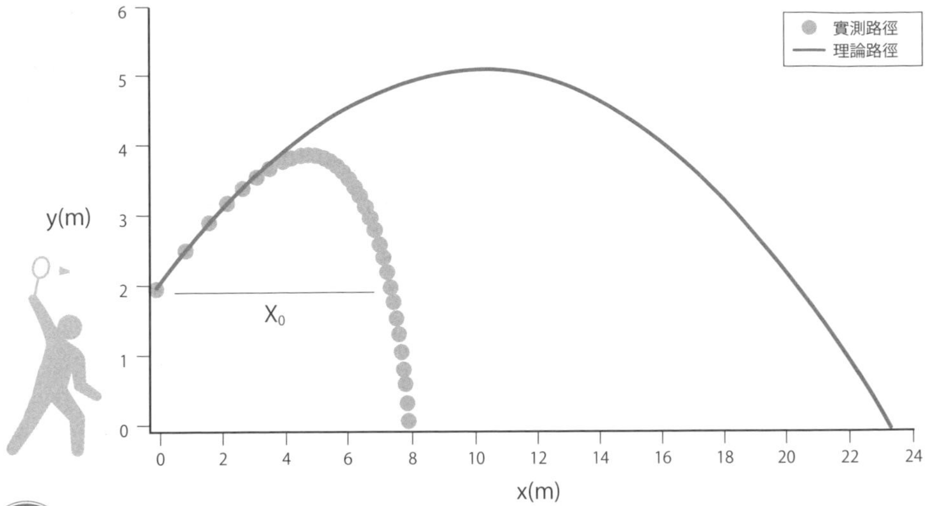

4 計算結果與實際球路之比較

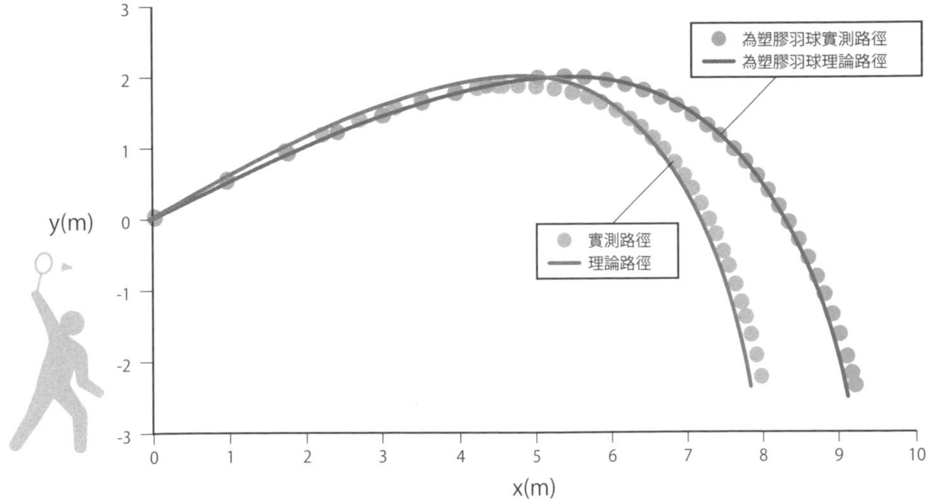

日本選手的殺球速度

日本男羽選手桃田賢斗的殺球速度為399km/h，女羽選手山口茜為352km/h、奧原希望選手測得的球速則是347km/h。

17

高爾夫球

只有提高桿頭速度，才能讓球飛得更遠？

這裡讓我們來探討一下，當高爾夫球接觸到球桿桿頭面的瞬間會發生什麼事。我們無法控制飛出去的球，但至少還能在觸擊瞬間，決定球的方向。

球桿桿頭的各部位名稱如圖❶a所示。握桿時，從正面看球桿軸和桿面構成的角度稱作仰角（Loft），從側面看的角度稱作傾角（Lie），從上看的角度是桿面角。圖裡的黑色圓點是指重心，正面圖中，從球桿軸到重心的距離稱為重心距離。側面圖中，底部（Sole）前端到重心的距離稱為重心深度，重心垂直往下，從底部前端到桿面的距離則稱作重心高。將球桿水平擺放時，重心會像圖❶b一樣，呈現直直下垂的狀態，這時桿面與垂直面構成的角度就是重心角。

以球桿設計來說，各部位的平均值分別是重心距離40.0mm、重心高22.0mm、重心深度37.0mm、重心角22°、球桿與桿面的仰角為59°、傾角為11°、桿面角0°、桿頭重200g。高爾夫球的直徑為43mm、重45g，恢復係數則是0.8。

接著，假設球桿從垂直線量測桿面傾斜角度為θ_L的狀態下，以速度V撞擊靜止且質量為m的高爾夫球，那麼球和桿面的接觸點會是球體中心往下降**$r\sin\theta_L$**的位置。如果把速度分解成與桿面垂直的V_n與平行的V_t，那麼

$$V_n = V\cos\theta_L$$
$$V_t = V\sin\theta_L \quad \rightarrow ①$$

由圖可知，V_n一定會朝向球體中心。這股速度也會對球的動量帶來變化。這裡還能用V_n，算

1a 球桿桿頭各部位名稱

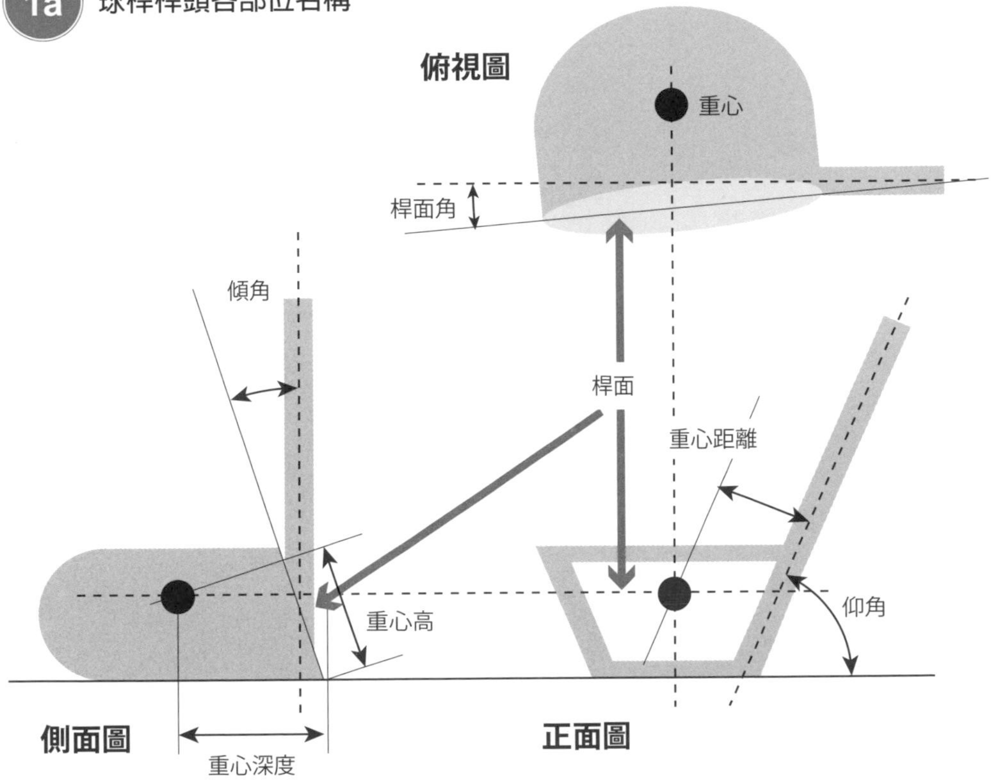

1b 桿面與重心角

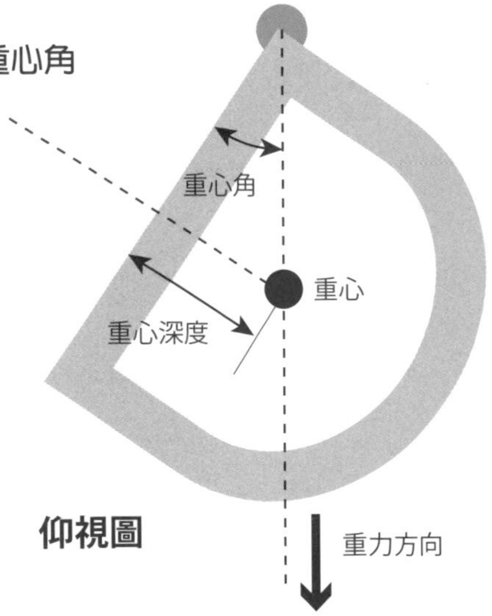

出恢復係數e的高爾夫球擊出時的初速度，公式如下。

$$v_n=\frac{1}{1+\left(\frac{m}{M}\right)}(1+e)V_n \quad \to ②$$

如果高爾夫球質量為m=45g，桿頭質量M=200g，恢復係數e=0.8的話，那麼$v_n=147V_n$。

球在被擊出瞬間會扁掉，接著形成讓球體恢復原狀的反彈力，這股力量會使球朝與桿面垂直的方向飛去。假設高爾夫球以$v_r=v_n=57.6$m/s的速度朝傾角方向飛去，但同時考量桿面會存在水平方向v_t所形成的平行力量，因此實際上飛出的角度會比傾角小。不過，這股與桿面平行的力量，卻也會使球後旋。

球會受到馬格努斯效應的影響，承受一股往上的升力，所以擊出後會形成二次曲線，高飛出去。

那麼，假設以某個角度擊出球後，球會畫出

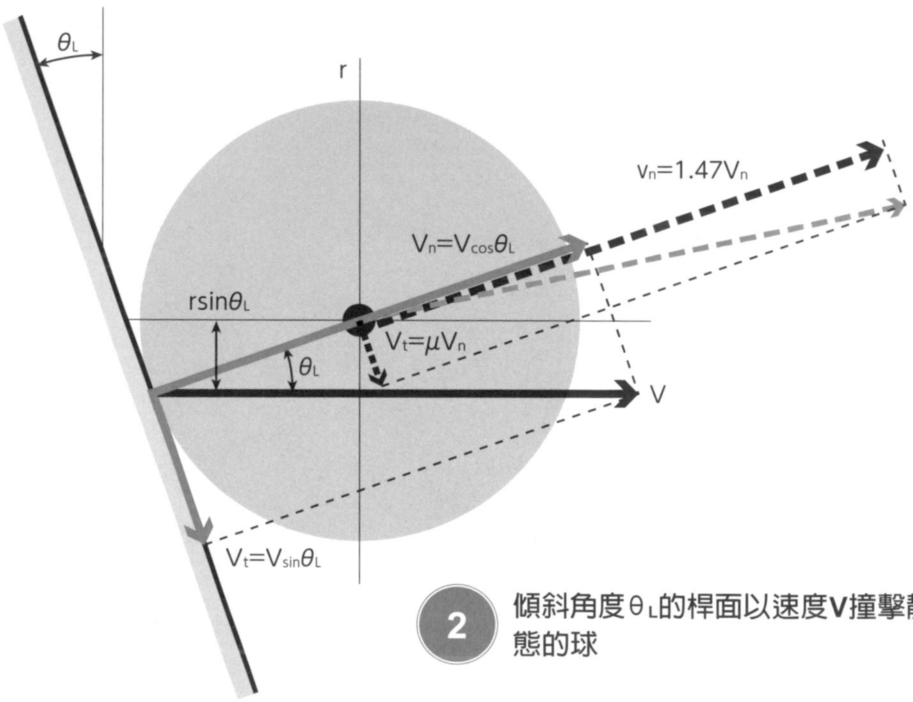

2 傾斜角度θL的桿面以速度V撞擊靜止狀態的球

一條普通的拋物線，讓我們來估算看看球的飛行距離。

擊出角度為θ_L，打擊速度$v_r=v_n=57.6$m/s，因此會得到下述算式。

$$x_{max}=\frac{v_r^2}{g}\sin2\theta_L$$

利用算式導出的飛行距離x_{max}會是$57.6^2\times\sin(2\times11°)/9.8=126.8$m（138.7碼）。

假設球桿的恢復係數變高，e=1的話，就能從公式②導出$v_n=1.63\ V_n=1.63\times39.2=64$m/s，接著用$v_r=64$m/s求$x_{max}$，將能算出156.6m（171.2碼）的飛行距離。

如果把桿頭重量從原本的200g增至250g，v_n雖然能增加4%，但只要把恢復係數設為1，就能讓距離拉長11%左右。不過很可惜的是，高爾夫球規定恢復係數不得超過0.83，否則將視為違規，這裡我們單純就是從物理的角度讓各位知道，使用恢復係數高的球桿就能讓球飛得更遠。

看來，**想要拉長飛行距離最直接的方法，就是提高桿頭速度了**。如果桿頭速度能提高1成，達V=44m/s的話，便能算出**x_{max}=154.1m**（168.6碼）的結果，表示飛行距離增加了33%，所以，最後的結論會是必須加強身體鍛鍊。

18

游泳

怎樣才能減少形狀阻力、摩擦阻力以及造波產生的流動阻力？

這裡就以100m游50秒紀錄的選手為例，來思考一下該怎麼游，才能讓時間縮短100分之1秒？泳速u=100/50=2m/s，縮短0.01秒表示游100m的時間必須是49.99秒，那就要滿足**100m/49.99s=2.0004m/s**的速度。換句話說，每秒要前進**2.0004m**，所以只要多前進小數點以下的距離0.0004m，也就是0.4mm的話便算達標。但是對選手來說，這短短的0.4mm卻是高難度障礙。

接著就透過**圖❶**，來了解一下選手以定速游泳時所承受的力量平衡狀態。

當前進的力量（T=推力）等於往後推回的力量（D=阻力）時，就會形成等速運動*。**以垂直方向來看，體重（W=重力）與浮起的力量（B=浮力）相等，所以會維持在固定位置（深度）**。這麼說來，(-T)+D=0　∴T=D，(-W)+B=0　∴W=B。對了，**如果是T>D就表示往前加速，換成T<D的話則是減速**。另外，**當W>B就表示往下沉方向加速，W<B代表下沉速度減緩或往上加速**。

在水面附近游泳時會存在的流動阻力包含下面幾種。

形狀阻力（壓力阻力）：$D_p=C_D\times\left(\frac{1}{2}\right)\rho u^2\times A$

摩擦阻力：$D_f=C_f\times\left(\frac{1}{2}\right)\rho u^2\times S$

造波阻力：$D_W=\rho gh\times A=C_W\times\left(\frac{1}{2}\right)\rho u^2\times S$

C_D、C_f、C_W分別是形狀阻力係數、摩擦阻力係數、造波阻力係數，為實驗過程中不可缺少的係數。**ρ為水的密度，u是速度，A則是從頭頂**

* **等速運動**：速度不會隨時間變化的運動，同時也代表作用於物體各運動方向的力量相等，或是不存在作用力，這是因為力量作用時，速度就會出現變化。相反地，當速度沒有變化，即表示力並未作用。

朝身體軸幹方向看去時形成的投影面積。造波阻力公式裡的h是指波高。

為了掌握每項阻力占總阻力的比例，分別將C_D、C_f視為1.0、0.004，造波阻力係數C_w則為0.03。代入這些數值以及u=2m/s之後，會得到**形狀阻力（壓力阻力）：D_p=120N、摩擦阻力：D_f=11N、造波阻力：D_w=81N的結果，因此阻力總和D=120+11+81=212N**。以百分比來說，形狀阻力占57%、摩擦阻力占5%、造波阻力占38%。由此可知，受形狀影響所承受的形狀阻力與波浪帶來的造波阻力都變大的。

定速前進時T＝D，所以T＝212N，將其乘上速度後就會是推進的功率，表示選手正以**212N×2m/s=424W=0.58PS**的力量往前推進。游100m所消耗的能量為**424W×50s=21200J**，換算成熱量則是**21200J÷4.2=5048cal**。一塊焦糖的能量為**17kcal**，這表示只要吃一顆焦糖，盡全力就能游出**337 m**的距離。

1 游泳時作用力的平衡狀態

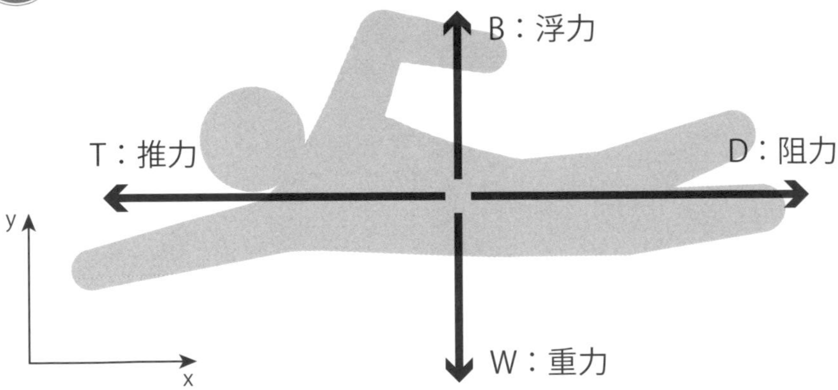

透過降低阻力來減少推力，同時能抑制能量消耗。為了減少這幾種阻力中，占比最大的形狀阻力，調查怎樣的形狀能減少阻力係數，並研究與阻力係數相關的水流，開發出具備功效的泳衣等游泳用品便相當重要。幾例來說，流線形狀的阻力係數介於1～0.02，能使120N的形狀阻力降至1/50，也就是2.4N，總阻力也會從原本的212N降為94.4N，降幅達55.5%。能讓體態近似海豚或儒艮的泳衣將發揮最佳效果。

19

花式游泳

能讓腳維持在水面上的撥水運動是什麼？

水上芭蕾這項競賽已正式更名為花式游泳，**比賽中的自選動作包含了須加入規範要素動作的技術自選（Technical Routines，TR）和可自由發揮的自由自選（Free Routines，FR）**。技術自選會依動作完成度及藝術性給分，自由自選除了評估上述兩項，還會將難易度納入評分。

舉例來說，**想把腳舉出水面的話，就必須有股朝上的力量，穩定身體在水中的姿勢，同時支撐住腳露出水面部分的重量**。假設體重為55kgf，雙腳重大約是體重3成，為16.5kgf。**想要在水中形成一股往上支撐住腳重的力量，就要靠手掌做撥水動作（Sculling）**。

撥水動作是指以手掌寫8的方式撥動。想像自己的手掌如同飛機機翼，當攻角夠大，就能形成升力。機翼的升力與機翼周圍的圓渦旋（Circular vortex）強度成正比。部分的圓渦旋會變成從指尖釋出的翼尖渦漩（Wingtip vortex），因為翼尖緊貼水面，所以從水面就能看見渦流。

根據庫塔－賈可夫斯基定律（Kutta-Joukowski law），圓狀「與每單位長的升力L之間為L=ρU「[N/m]的關係。

ρ是水的密度，這裡視為1000kg/m³。U為手掌的撥動速度。「則是等於2πrv。r是一半的掌寬，v和手掌的撥動速度U相同，手掌長為h。那麼我們就能用下面的公式，算出手掌會形成多大的升力。

$$L=2\pi\rho rhU^2=2\pi\rho AU^2$$

接著，把rh換成手掌面積A，便可得知**升力與手掌面積、撥動速度的平方成正比**。所以我們可以繼續用公式計算，如果要支撐住16.5kgf的腳重，單手手掌必須以多快的速度撥動。

假設手掌面積為0.1×0.2=0.02m²，

$L=8.25\times9.8=2\pi\rho AU^2$

手掌的撥動速度U=0.8m/s，這表示每秒必須撥動80cm。

1 讓腳浮出水面所需的支撐力

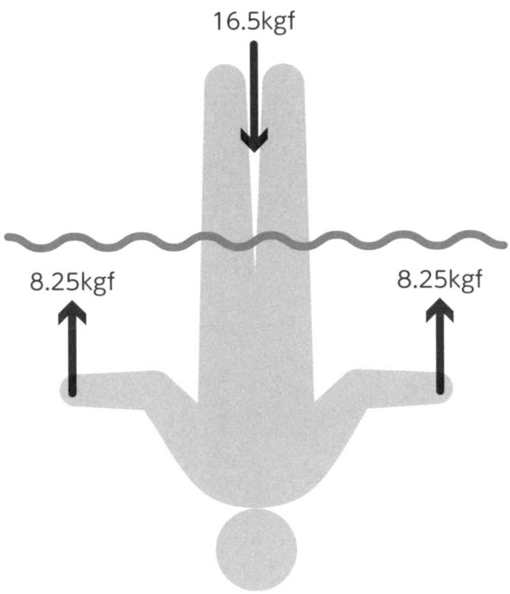

2 手掌撥水能形成一股朝上的力量

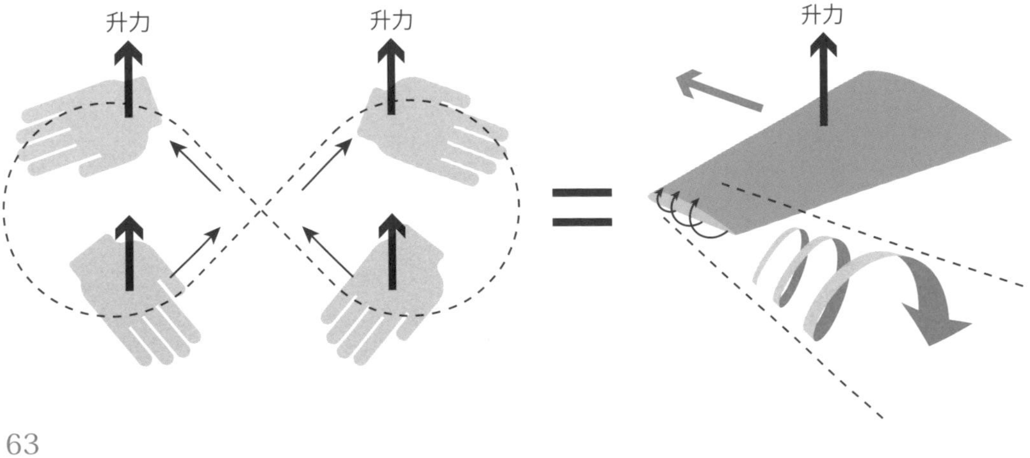

20

跳水

用怎樣的姿勢跳水才不會濺起水花？

跳水競技可分成1 m或3 m的跳板跳水，以及5 m、7.5 m或10 m的跳臺（混凝土材質）跳水。**入水時幾乎不濺起水花稱為No Splash，更厲害的是完全看不見水花的入水，稱為Lip Clean Entry，堪稱最厲害的跳水技術**。這裡就讓我們來思考一下，幾乎不濺起水花的入水法。

朝水面投擲物品時，會濺起水花，形成波紋。物品會依撞擊水面時的情況，形成不同的噴濺模式或水花高度，但其實從圖❶也可看出，即便形狀一樣，只要材質不同還是有可能會出現差異。那麼，我們就來了解一下，前端必須是怎樣的形狀，才能讓入水時水花濺起的加速度一致？

接著繼續參考圖❷。這裡將物理模式設定為旋轉體以速度U落入水桶時，水會因此往上噴濺。求出物體前端通過x位置的剖面時，周圍流體的速度，並計算出加速度。**流體通過的剖面積A（x），會是水桶半徑R圓面積扣除物體半徑r圓面積後的圓環狀面積。r則是物體前端算起的距離x之函數f（x），亦是物體的形狀**。X的時間函數公式為$x=Ut$，流體速度u（x）則須滿足**$(Q=U\times A(0)=\pi R^2U)$**的條件，因此可以寫作公式②。

針對流體被擠壓後形成的加速度，可將公式②微分成公式③，接著將公式③變換成公式④，並以f（0）=0的條件代入，f（x）就能寫成公式⑤。因為$x\to\infty$，所以f（x）會是一條朝R漸進的曲線。$R=1$、$U^2/a=0.1$、1、10時所得到的結果如圖❸。

當流體加速度a為0，那麼f（x）=0，物體就必須是完全沒有形體大小的直線，但物體本身一定會有形體，所以避免不了擠壓流體，促使流體形成加速度運動的情況。針對加速度的部分，當施予流體的力量（反作用力＝作用在物體上的阻力）愈小，就會像圖❸ $U^2/a=10$的曲線一樣，變成細細的形狀。也是因為這樣的物理特性，跳水時選手不會把手掌朝向水面，而是以接近圖❸的形狀，也就是手背朝向水面的方式入水。

1 物體形狀相同，但噴濺模式不同

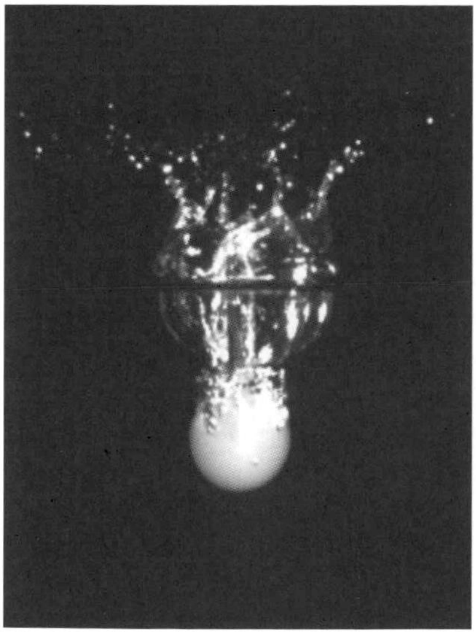

寒天球

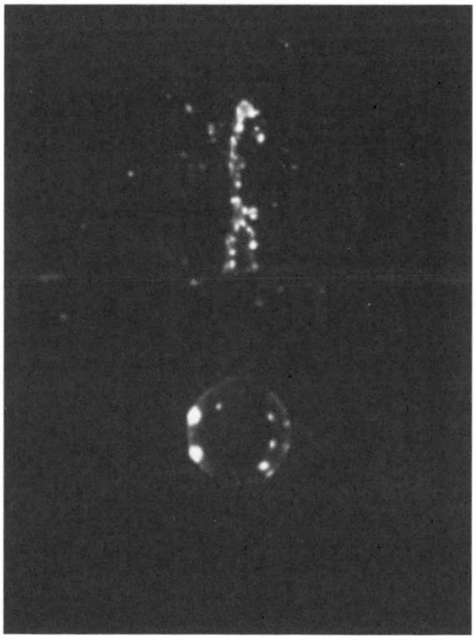

壓克力樹脂球

物體進入水面時，水會被物體擠壓並往上飛散，此現象稱為噴濺。

※由作者拍攝

② 物體撞擊模式

$$A(x)=\pi(R^2-r^2)=\pi(R^2-f(x)^2) \quad \rightarrow ①$$

$$u(x)=\frac{Q}{A(x)}=\frac{\pi R^2U}{A(x)}=\frac{R^2U}{R^2-f(x)^2} \quad \rightarrow ②$$

$$\frac{du(x)}{dt}=\frac{du}{df}\frac{df}{dx}\frac{dx}{dt}=\frac{2R^2U^2}{(R^2-f^2)^2}\times f\times f' \quad \rightarrow ③$$

$$2R^2U^2\times f\times f'=a(R^2-f^2)^2 \quad \rightarrow ④$$

$$f(x)=\sqrt{\frac{R^2}{\frac{U^2}{a}\left(\frac{1}{x}\right)+1}} \quad \rightarrow ⑤$$

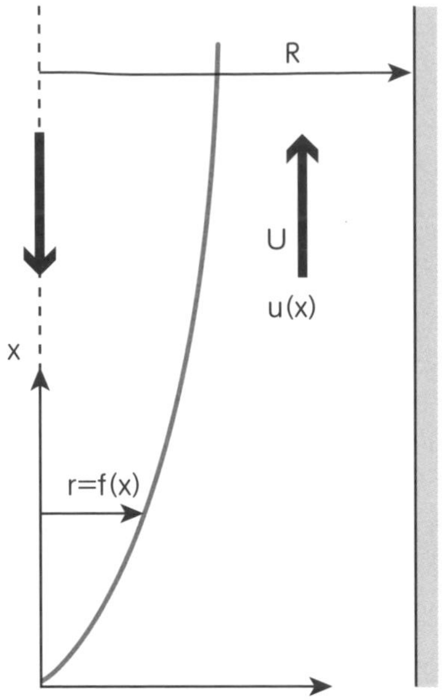

③ 公式⑤中，當R=1、U²/a=0.1、1、10時的f(x)形狀

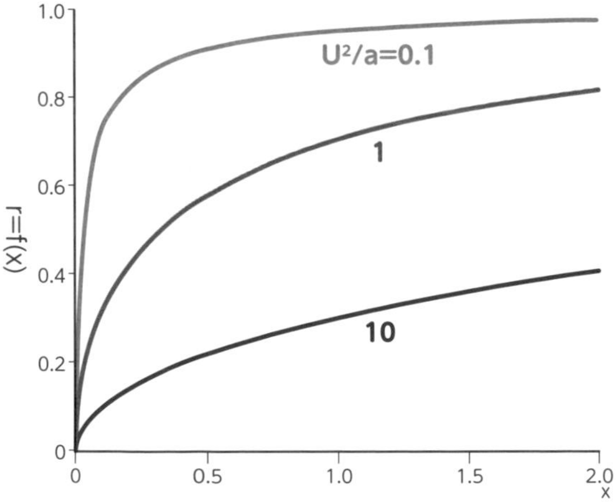

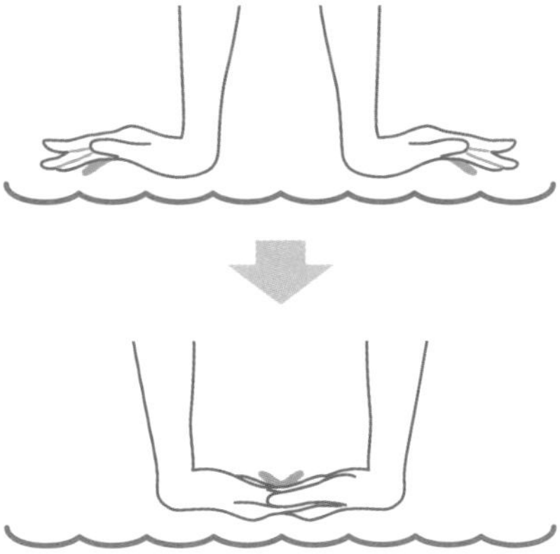

入水時，不能手掌朝向水面，
而是要以手背入水。

衝浪

能讓衝浪選手看起來就像貼在波浪斜面上的祕密？

波浪靠近岸邊，海深變淺的同時，浪頭會跟著變高。海底的坡度能使波浪成長變大，但坡度變緩時，浪頭就會出現泡沫，形成白色浪花。**從這裡開始到海岸邊的波浪稱為磯波（Surf），很適合衝浪。**

海底坡度愈陡，波浪的成長會愈快，這時浪頭的前進速度也會比浪底更快，使波浪出現浪頭超前浪底的情況。這種波會變成孤立波（Solitary wave），並以下述公式中的波速C_s前進。

$$C_s = \sqrt{g(H+h)} \quad \rightarrow ①$$

像這種波高H比水深h數值還要大的狀態在物理學又稱為「有限振幅波」。

順帶一提，會在海上看見的波浪屬於水深較深（h比H大）處所形成的波浪，又名「深水波」。當波長L愈長，或是波浪週期T愈長，深水波傳遞的速度（波速）C_d就愈快，同時可用下述公式表示。

$$C_d = \sqrt{\frac{gL}{2\pi}} = \frac{gT}{2\pi} \quad \rightarrow ②$$

這種波浪靠近岸邊時，隨著水深h變淺，就會無法忽略波高H的存在，並形成有限振幅的波浪，不僅浪頭變尖，波谷也會變淺。波谷的海流流速會因為與海底摩擦變慢。接著，尖尖的浪頭會先往前邁進，並像**圖❶**一樣無法維持住結構，開始變成泡沫，這也使得浪頭看起來會是白色。

這時的波速與公式②的C_d相同，但因為波高變高，前進方向的波長L就會變短，週期T當然也會跟著變短。

接下來讓我們來思考一下，衝浪時該站在波浪的哪個位置比較好（圖❷）？假設位於波浪斜面的衝浪選手會被浪往前推，以相當於波速的速度前進。前進速度等同波速的**選手看起來就像是停在波浪的斜面上。這是因為作用在選手身上的力處於平衡狀態的緣故，當選手站在波面與水平面的夾角介於0°（水平）～35°範圍時就會出現的現象（圖❶）**。往下離開斜面的力量**與被波浪回推的力量會在此範圍處於平衡，大概介於波底到波高H約1／3高處的位置**。

為了站上波浪的這個位置，衝浪選手必須用手加速划水，避免自己被朝岸邊前進的波速追過，因為如果等到浪來才行動就太慢了。對波浪來說，速度太慢的衝浪選手不過就是漂流物，波浪輕輕鬆鬆就能通過。**假設水深h＝2m、波高H＝1.4m（衝浪用語會說浪高差不多是胸高），根據公式①可以算出波速C_s=5.8m/s**。各位不妨有個概念，那就是波速C_s=5.8m/s相當於時速20km/h的腳踏車速。

1 孤立波與碎波

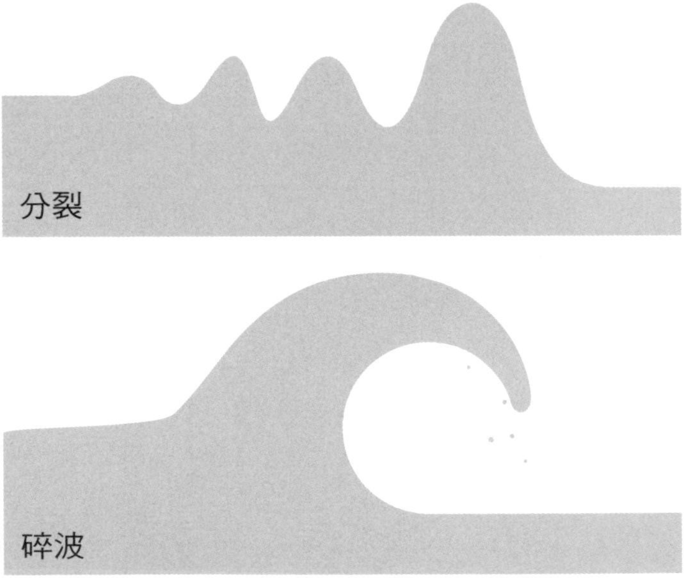

（1）T. Sugimoto, How to ride a wave: Mechanics of surfing, SIAM Rev., vol.40,No.2, pp.341-343,1998.

2 衝浪選手應站立的波浪位置

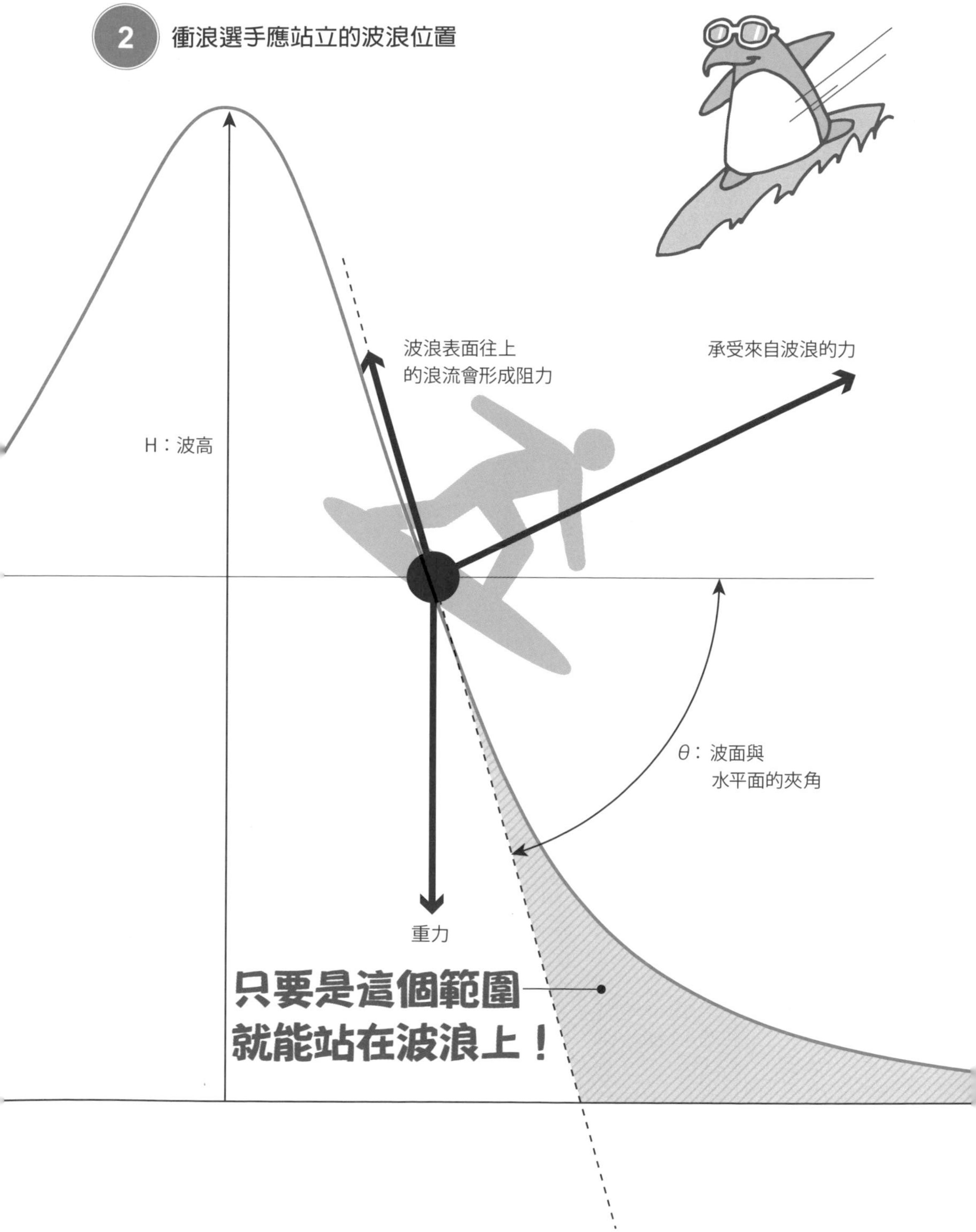
波浪表面往上
的浪流會形成阻力
承受來自波浪的力
H：波高
θ：波面與
水平面的夾角
重力
只要是這個範圍
就能站在波浪上！

22

水肺潛水

什麼是能確保水中安全的氧氣瓶與調節器？

只要是曾經背著灌有20氣壓的空氣瓶，口含調節器潛入海中的經驗者就會知道，能在水裡正常呼吸，體驗漂在無重力世界（NASA會讓太空人潛入室內泳池中，作為無重力狀態下的訓練）的感覺是多麼地奇妙。

在水中，只要水深每增加10 m，水壓就會增加1氣壓。潛入100m深的海裡時，就會有11氣壓壓迫著身體。

日本有艘大深度有人潛水調查船「深海6500」如同其名，它能潛入超過6500m的深海執行調查任務，但潛艇本身也必須承受651氣壓，這其實是能將地面物輕鬆壓爛的壓力。

水壓是指1 m^2 面積範圍中，所及深度承受的水重。假設深度為h，水密度ρ=1020kg/m^3，那麼水壓P可用下述公式來表示。

$P=\rho gh \fallingdotseq 10000h$[N/$m^2$=Pa]

這裡的單位是Pa，發音為帕斯卡。

假設h=10 m，那麼P=100kPa。與大氣壓力（1氣壓）的101.3kPa幾乎相同。海平面原本就承受著大氣壓力，所以**水深10 m處必須承受1+1=2的氣壓**。如果先吸入1氣壓的空氣，**接著自由潛水10 m的話，就表示肺裡累積了1氣壓，身體表面承受著2氣壓，其中的1氣壓壓差（也就是水壓）會像是要把肺部壓爛一樣**，所幸肺部有肋骨和周圍的肌肉保護著。不過，如果繼續往下深潛，肋骨和肌肉很有可能無法支撐住這股壓力，所以必須使用加壓過的氧氣瓶。但是，直接從鋼瓶吸入20氣壓的話，就表示肺裡會增加20氣壓，這可是會導致肺部破裂。這也是為什麼我們潛水時必須口含能依照水壓調整氣壓的調節器。潛入10m深的時候，調節器會朝肺部灌入與大氣壓力間所形成的1氣壓壓差，讓體內氣壓與周圍的水壓相抵銷，避免肺部被擠壓破裂。

所謂的浮力，會在身體上下方出現些微水壓差時形成。舉例來說，腹部朝下游泳的話，因為腹部與背部會形成相當於身體厚度的水深差，使腹部承受比背部還要大的水壓，這股位於腹部的水壓便是方向朝上的力量。

這也表示，**身體抵銷掉水的體積重後，所剩的就是浮力**。如果再背上氧氣瓶，將空氣吸入肺裡的話，體積當然會些微增加。所以吸了空氣後就能浮起來。為了維持在水裡的位置，避免身體上浮，我們可以在身上綁鉛塊配重，或是按下充氣閥管的排氣鈕，讓浮力控制裝置（BCD）排氣進行調整。所以啦……從物理角度來說，若要享受深潛海中的感覺可是必須做足這些準備呢。

1 能克服水壓的氧氣瓶與調節器

- 水深每增加10m，水壓就會增加1氣壓
- 水壓是指1m²面積範圍中，所及深度承受的水重
- 水深10m處必須承受1+1=2的氣壓
- 為了避免肺部在水裡被水壓擠壓破裂，須使用加壓氧氣瓶
- 加壓氧氣瓶裡的空氣能依照水壓，透過調節器作調整，藉此確保潛水員的安全

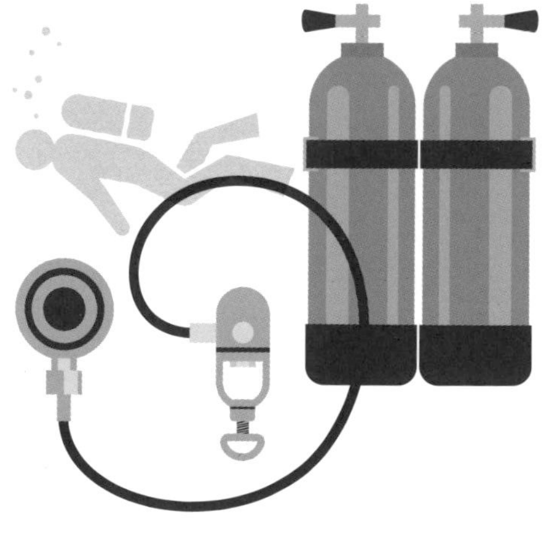

23

帆遊艇

船舶速度取決於調帆？

2020年東京奧運的帆遊艇會場為江之島遊艇港。帆船這項競技是借助船帆獲得風力讓船艇向前移動，看看誰能以最快速度走完規定的航線。因為必須迅速掌握自然風，如何順應風向，透過調帆得到推力就很重要。帆船比賽會始於下風處，選手必須從起點朝上風處前進，並在規定的地點折返，再次回到下風處。

帆船的競技項目名稱是以船艇的種類命名，基本上會根據船艇全長來區分。例如，全長4·7m的船艇為470級、4·99m的船艇為49er級、使用2·86m風浪板的項目則稱為RS：X級，其他還有全長4·23m的雷射級、全長4·51m的Finn（芬蘭）級，以及雙體船Nacra17級等多種競技項目。**這些項目多半由雙人駕駛，包含了負責操控主帆與舵桿的船長，負責控制前帆（Jib）、球帆（Spinnaker）共三片帆以及運用自己身體維持船舶平衡的舵手，透過兩人的共同合作，才能讓船艇前進**。

船帆受風膨起後，**切面看起來就像角度外傾（曲線）的翅膀，而這個形狀能產生升力，所以具備飛機的機翼功能**。船帆基本上都是與來自正後方的風維持直角，唯獨這個時候，薄板彎曲的阻力會形成推力。除此之外，假設船帆也像機翼一樣，攻角達某個角度時就會得到最大升力。根據上述條件，為了將上風面的升力作為推力，所以要往上流前進時，必須以之字形斜進的方式朝目的地方向移動。

帆船受風吹所產生的側力會對船舶形成一股橫搖的力矩，不過，即便船舶承受風力也

1 帆船（小型帆船）結構

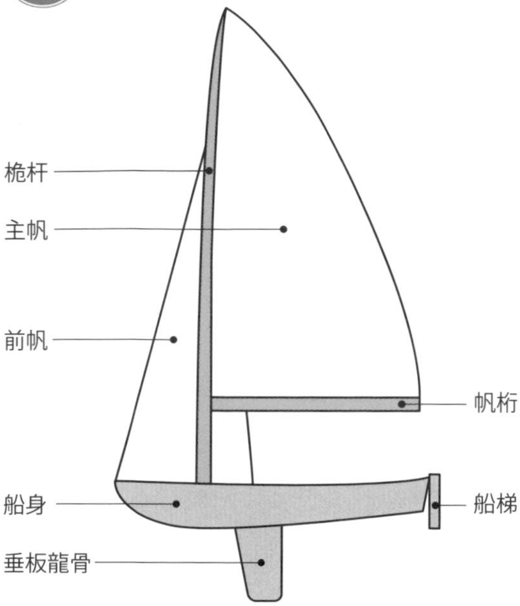

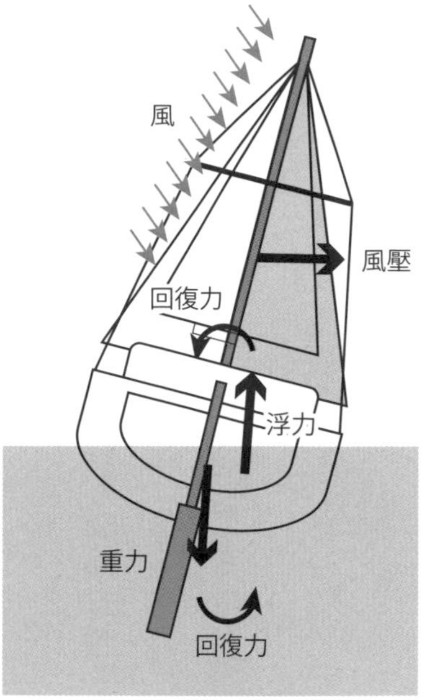

2 船帆形成的升力以及朝前進方向作用的推力

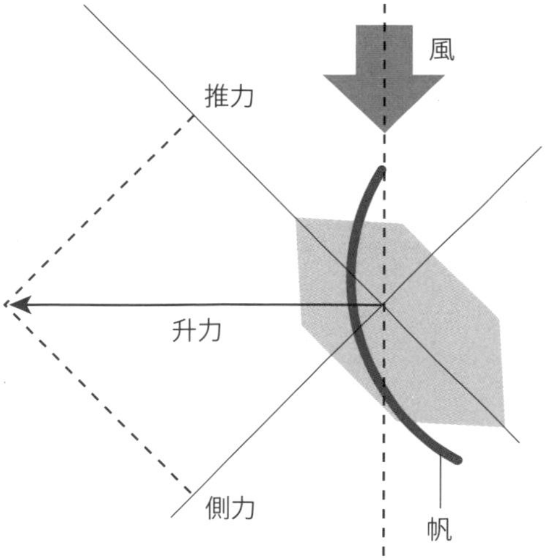

不必擔心橫倒，因為船底有個名為垂板龍骨（Keelboat或Centerboard）的結構，這塊從龍骨垂直延伸入水的沉重板子能預防船舶橫倒，所以對帆船來說更是絕對不可或缺的安全部件。

24

輕艇／加拿大式艇、愛斯基摩艇

艇身和槳的形狀會大幅影響速度？

輕艇可以細分成加拿大式艇（Canadian Canoe）和愛斯基摩艇（Kayak），差別在於操舵時的姿勢以及使用的艇槳。加拿大式艇使用單葉槳，選手會立膝跪坐。愛斯基摩艇則會使用兩端皆有槳葉的雙葉槳，選手須將兩腿前放，讓雙膝抵住船艇內側，以坐姿划艇推進。

加拿大式艇和愛斯基摩艇皆可分成以時間長短取勝的靜水直線競速（Canoe sprint），還有在急流中操艇並依時間長短取勝的輕艇激流（Canoe slalom）兩種項目。**靜水競速的速度約5m/s，表示每秒可以前進5 m，這相當於5倍快的步伐速度。輕艇激流則是以2.8m/s的均速順急流而下**。

單人愛斯基摩艇的艇重為12kg，假設槳手體重70kg，在靜水競速項目中以最快5 m的秒速對此重量條件加速。要將總計82kg重的物體從靜止狀態加速至每秒達5m的話，需要82kg×(5m/s-0m/s)/1s=410N的力，等於是要在瞬間舉起42kg的重物，這可要好好地鍛鍊肌肉才行呢。

操艇時必須使用槳。**槳的重要功能包含了划水，藉此賦予輕艇推力，以及變更方向時，透過艇槳朝目標方向施予制動力**，而兩者都必須借助水所帶來的阻力。**阻力會與水流速度及槳作動速度差的平方成正比，當速差愈大，阻力就愈大**。靜水競速時，划水速度會直接反映在力量大小上。不過，河川會有流速，所以**朝水流方向前進時，划槳速度必須比水流還快，船艇才會前進。如果划槳速度比水流慢，就會形成制動力**。不過，阻力又取決於艇槳的形狀，接下來我們可以來思考一下，怎樣的形狀設計能讓選手對水流的施力發揮到極限？

一般而言，為了讓輕艇前進時的阻力變小，靜水競速用的輕艇都會採流線型設計。不過，輕艇激流賽事中必須應付充滿變化的水流，所以單純的流線設計並不夠。對此，有研究團隊為預計於2020年舉辦的東京奧運啓動了一項激流用輕艇開發計畫（圖❷），希望透過仿生技術，將鮭魚、翠鳥等生物衝入水中時，能夠減輕阻力的特有結構融入設計，可說是非常令人引頸期盼的計畫呢。

1 愛斯基摩艇的靜水競速與輕艇激流項目

一至四位選手坐上處與靜水水面的船艇，多艘船艇會在固定的距離（200m、500m、1000m）與水路路線齊聲開划，較量誰能用最短的時間划到終點。另外還有接力賽、5000m及長距離等多個項目。

靜水競速

愛斯基摩艇的輕艇激流項目會搭配兩端皆有槳葉的雙葉槳推進船艇，參賽的船艇會一艘艘地進入流動的河路賽道，且必須正確通過標竿，最後依時間多寡判分。

加拿大式的輕艇激流項目則是使用單葉槳作為推進工具，參賽的船艇會一艘艘地進入流動的河路賽道，且必須正確通過標竿，最後依時間多寡判分。

輕艇激流

2 水走（みつは）計畫正在開發輕艇激流用的愛斯基摩艇

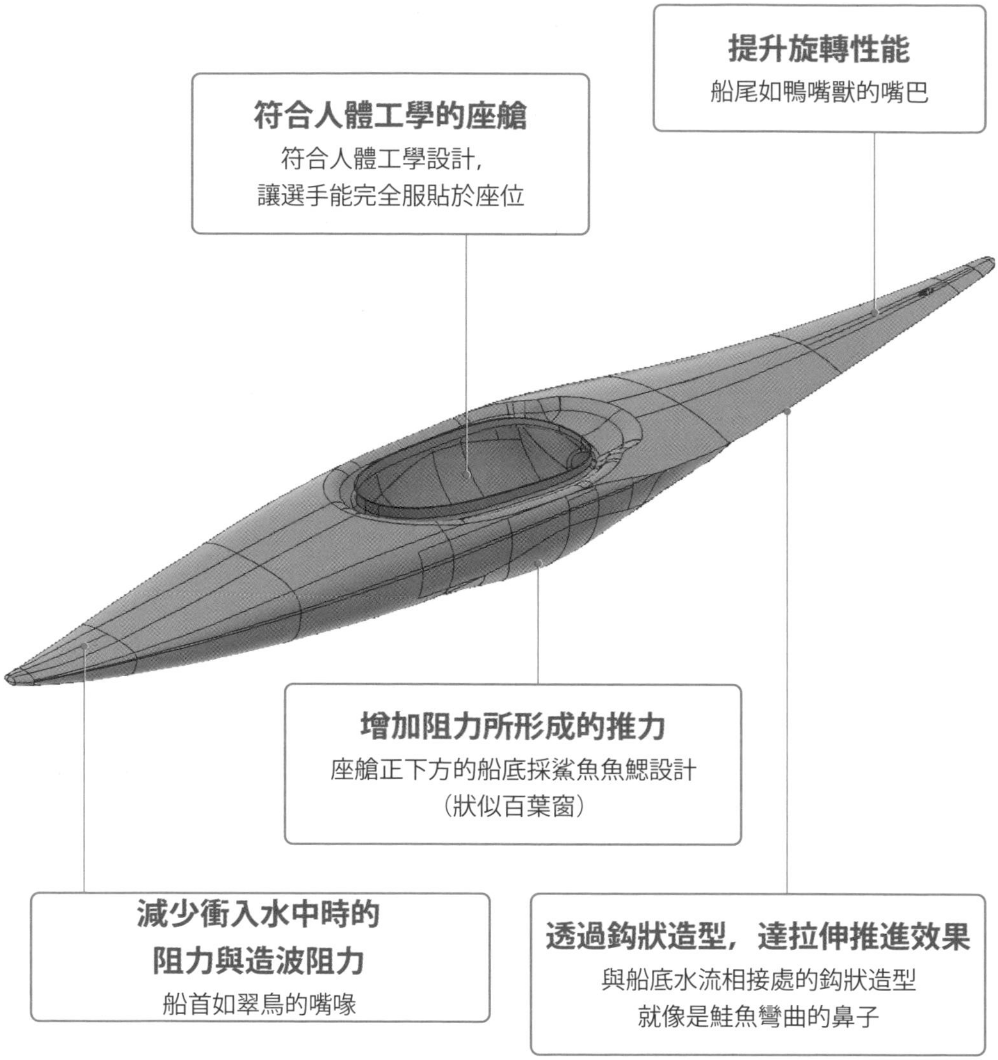
提升旋轉性能
船尾如鴨嘴獸的嘴巴
符合人體工學的座艙
符合人體工學設計，
讓選手能完全服貼於座位
增加阻力所形成的推力
座艙正下方的船底採鯊魚魚鰓設計
（狀似百葉窗）
減少衝入水中時的
阻力與造波阻力
船首如翠鳥的嘴喙
透過鉤狀造型，達拉伸推進效果
與船底水流相接處的鉤狀造型
就像是鮭魚彎曲的鼻子

冰壺

怎樣的策略才能夠預料到10局末的結果，獲得最終勝利？

自從日本於平昌冬奧獲得冰壺銅牌後，這項運動就相當受到日本國內的關注，而冰壺本身的命名方式也很獨特。比賽的場地名叫**冰壺道（Sheet）**，大小如圖❶所示。**冰壺道頭尾兩端各畫有一個最外側半徑為1.829m的圓。這個圓又名叫大本營（House）**。

冰壺道的表面是層冰，選手必須將帶把手的石壺（Stone）從其中一邊投擲出去使其滑行，並讓石壺進入對手端的大本營（圓裡）。

每隊會有8顆石壺，雙方交替投擲完所有的石壺（16顆）後，**哪顆石壺最靠近大本營的圓心，該隊就能獲得分數**（參照圖❸）。

下一局則會由上一局得分的隊伍先攻。比賽採10局制，10局結束時，總得分較高的隊伍即為獲勝。除了負責投擲石壺的選手（Delivery），每隊還會有兩位刷冰員（Sweeper）以及下指示的選手。究竟是要將大本營裡的石壺推擠出去？還是故意讓石壺出界使分數為0，以避免下一局攻守交換？其實從第1局的勝敗，就能思考怎樣的策略才能讓我方獲得最終勝利。

石壺重約20kgf，直徑約30cm。如圖❷所示，投擲出去的石壺撞擊到靜止石壺的正中央時，石壺間的動量會相互交換。換句話說，**撞擊用石壺所具備的動量（20kg×2m/s）將歸零呈靜止狀態，這股動量會轉化到被撞擊的石壺上，使其以2m/s的速度滑行**。如果沒有撞擊到石壺的正中央，那麼前進方向就會根據撞擊角度，分配入直角方向的動量，所以2顆石壺會朝斜向滑行。不過，斜向滑行的角度也會隨撞擊的位置和速度有所改變。

1 冰壺道

冰壺道表面的冰層有許多小凸點，這些凸點名叫Pebble。石壺在有凸點的冰層上會比較容易滑行，不過會較難轉向。投擲石壺的時候，如果慢慢地往左旋轉（逆時針），石壺就會左轉，往右旋轉（順時針）則會右轉。石壺的滑行速度愈慢，愈容易轉向。

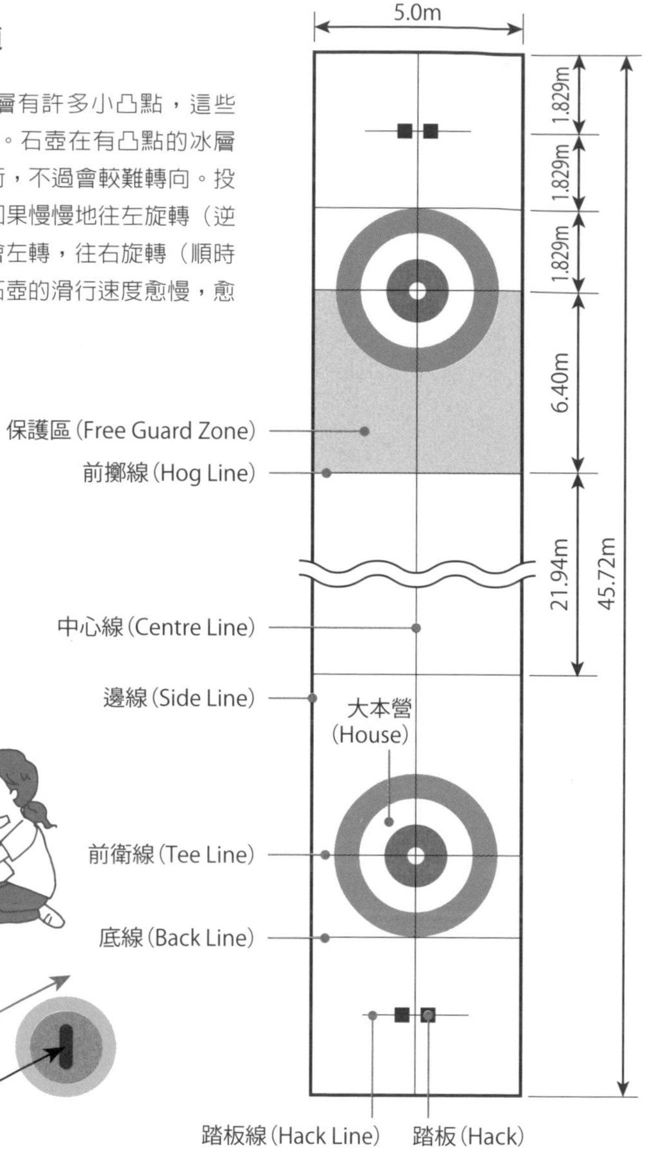

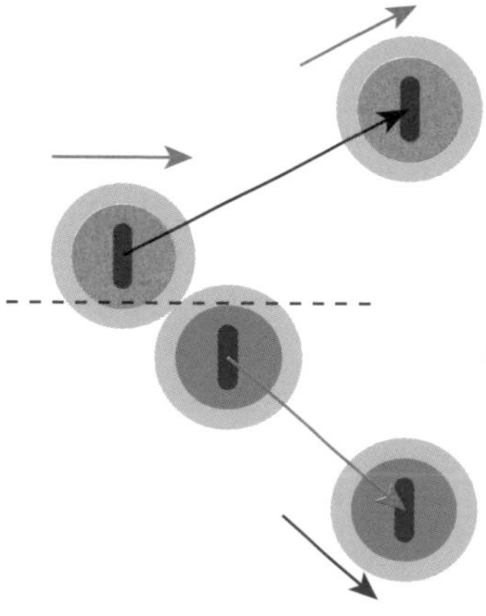

2 撞擊的方式會使撞擊方與被撞擊的石壺形成不同的運動

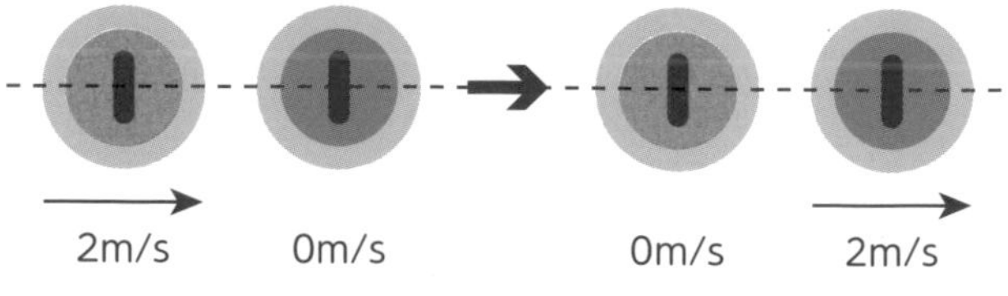

3 撞擊的方式會使撞擊方與被撞擊的石壺形成不同的運動

最靠近中心的是●
第二靠近的是●，所以算●隊1分-0分

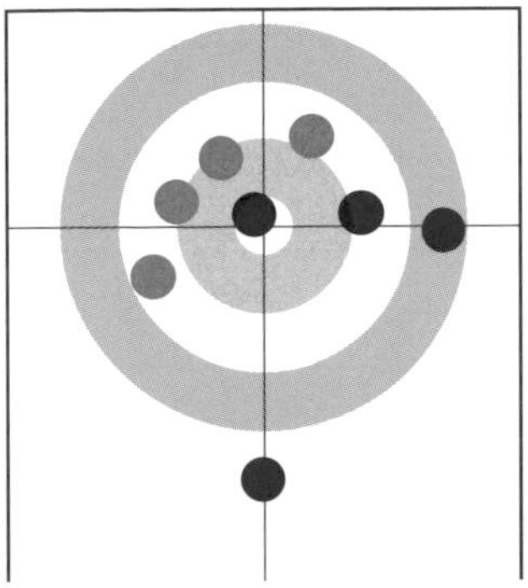

最靠近中心的是●，第二靠近的也是●
第三靠近的還是●，所以算3分-0分

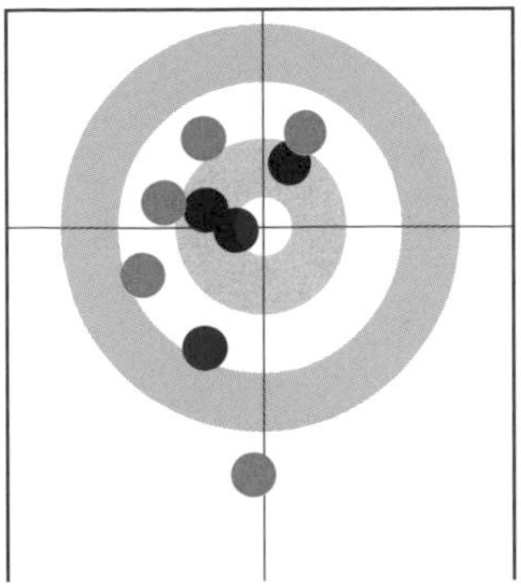

最靠近中心的是●，第二靠近的也是●
第三靠近的是●，所以算●隊2分

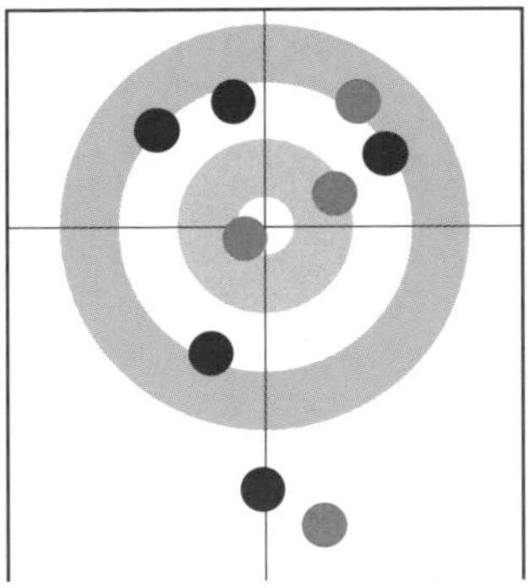

最靠近中心的是●
第二靠近的是●，所以算●隊1分

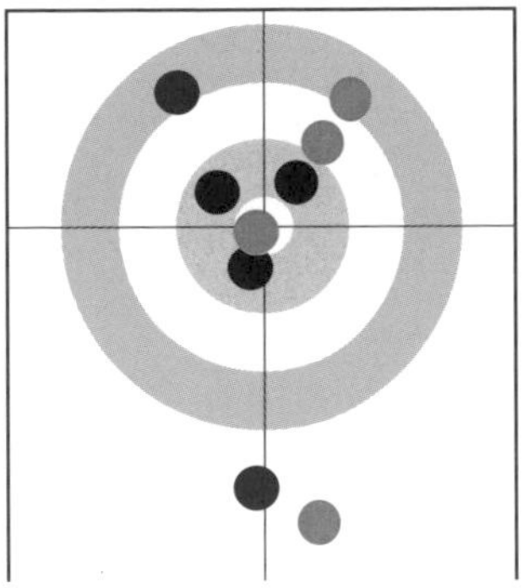

位置

第一投手
(Lead)
負責投擲第一壺

第二投手
(Second)
負責投擲第二壺

第三投手
(副隊長，Vice-Skip)
負責投擲第三壺
於第四投手投擲時下指示

第四投手
(隊長，Skip)
負責投擲第四壺
擬訂策略，推測石壺動向，
下指示

每位選手可投擲2次。每局先攻隊伍的第一投手負責投擲第一壺，接著依序為後攻的第一投手、先攻的第一投手、後攻的第一投手分別投擲2壺，其後則是先攻的第二投手、後攻的第二投手分別投擲2壺。最後，後攻的第四投手投擲完第二壺，該局就算結束。結束時，石壺最靠近大本營中心的隊伍即可得分。下一局則是由前一局得分的隊伍先攻。10局結束時，得分較高的隊伍獲勝。

※詳細規則可參考「公益社團法人 日本冰壺協會」官網。

26

花式滑冰

羽生選手4周跳的動力從何而來？

花式滑冰的跳躍動作中，得分高低依序為艾克索跳躍、勒茲跳躍、菲利普跳躍、路普跳躍、沙克跳躍、托路普跳躍。以起跳腳來區分的話，艾克索、路普、沙克跳躍屬於刀刃跳（Edge jump），勒茲、菲利普和托路普跳躍則是點冰跳（Toe jump）。詳細說明可參照圖示（P82～83）。

接著，讓我們來試算看看，究竟要多大的動力，才有辦法做出這些跳躍？這裡就以羽生結弦選手做沙克跳躍為例。

羽生選手身高171cm，體重53kgf。他在2018年2月平昌冬奧短曲項目**做4周跳動作時，從跳起到落冰的時間為0．84秒**。若要計算垂直方向的速度v_0，因為**$v_0=g(t/2)$**，所以可以得到**$v_0=4.12$m/s**，再加上跳躍高度**y_{max}**$=(1/2)gt^2+4.12t$，這時可以算出**y_{max}**=86.6cm。

再者，羽生選手是以0．84秒轉4周($=2\pi\times4$rad)，所以**旋轉的角速度$\omega=29.92$rad/s**。**跳躍時把身體帶至y_{max}高的能量$E_p=mgy_{max}$**，所以能得到**$E_p=53\times9.8\times0.866=450$J**的算式。

讓身體旋轉的能量為

$$E_s=\left(\frac{1}{2}\right)I\omega^2$$

I是指慣性矩。假設身體是個半徑為**r**的圓柱，那麼**$I=mr^2/2$**。這裡的**r**如果是0.15，就能得到

$$E_s=\left(\frac{1}{2}\right)\times53\times0.15^2/2\times29.92^2=267J$$

由此可知，**想把身體往上提的話，需要的能**

量會是旋轉動作的1．7倍。

蹬力方向的角度θ為

$$\theta=\tan^{-1}\left(\frac{2184}{1187}\right)=61.5^{\circ}$$

即代表傾斜的角度。

從力的觀點來看，如果要用0．1秒的時間，讓53kgf重的身體以4.12m/s的速度垂直往上飛起，**會需要跳躍力，而這股跳躍力**

$F_j=53\times(4.12-0)/0.1=2184N$。旋轉所需的扭力

$T_s=I\times(29.92-0)/0.1=(53\times0.15^2/2)\times(29.92-0)/0.1=178Nm$。

因為$T_s=F_s\times r$，所以可以算出施力於r=0.15圓周的力Fs=1187N。根據上述結果，**我們可以把這些力結合，算出腿蹬冰面的力**為

$$F=\sqrt{F_j^2+F_s^2}=\sqrt{2184^2+1187^2}=2486N$$

從試算中便可得知，羽生選手在跳躍時可是充滿一股強勁的力量呢。

1 跳躍的種類

種　類	三圈得分（基準點）	滑行腳（迴旋方向）	起跳腳	向後滑行落冰腳
❷ 艾克索跳躍	8.5	左（左）	左腳外刃	右
❸ 勒茲跳躍	6.0	左（右）	右腳點跳	
❹ 菲利普跳躍	5.3	左（左）	右腳點跳	
❺ 路普跳躍	5.1	右（左）	右腳外刃	
❻ 沙克跳躍	4.4	左（左）	左腳內刃	
❼ 托路普跳躍	4.3	右（左）	左腳點跳	

2 AXEL
艾克索跳躍

向前滑行，用左腳外刃起跳，將右腳由後往前甩起，做出左迴旋動作。以左腳外刃起跳的動作來說，屬難度最高的跳躍。以右腳為軸心向左旋轉後，再用右腳向後落冰，所以會多轉半圈。難度極高。

3 LUTZ
勒茲跳躍

用左腳外刃起跳，身體向後滑行，做出右迴旋動作，並以右腳點冰跳起。利用身體扭轉的力量旋轉，旋轉時以右腳為軸心左轉，最後右腳落冰。

4 FLIP
菲利普跳躍

準備跳躍時，以左腳內刃起跳，身體向後滑行，做出左迴旋動作，並以右腳點冰跳起。旋轉時以右腳為軸心左轉，最後右腳落冰。選手做此跳躍時，多半會先往前滑行，並在起跳時立刻轉身躍起，很難與勒茲跳躍做區分。

5 LOOP 路普跳躍

雙腳向後滑行，做出左迴旋動作。跳起前重心擺在右腳外刃，接著舉起左腳外刃跳躍。以右腳外刃滑行的同時，左腳稍微前伸，滑行順勢躍起。

6 SALCHOW 沙克跳躍

身體向後滑行，以左腳內刃起跳做出左迴旋動作的同時將開成八字形的右腿從後側往上前方提起，並以左腳內刃跳起。左旋會以右腳為軸心旋轉，並以右腳外刃落冰。由於難度較低，因此男子選手多半會在托路普跳躍之後，接續 4 周沙克跳躍。

7 TOE LOOP 托路普跳躍

重心擺在右腳外刃，向後滑行做出左迴旋，接著把左腳腳趾擺在右腳斜後方並跳起。左旋會以右腳為軸心旋轉，並以右腳落冰。助跑時做出左腳往後拉的姿勢就是托路普跳躍。這是難度最低的跳躍，所以男子單人滑冰的 4 周跳基本上都會搭配托路普跳躍。

27

競速滑冰

該怎麼降低空氣阻力，打破小平選手的紀錄？

2018年2月的平昌冬奧，小平奈緒選手在女子500m競速滑冰的項目以36秒94的佳績奪金，同時打破奧運紀錄。小平選手身高165cm，體重60kg，從起點到100m只花了10秒26，均速u=13.53m/s（=48.7km/h）。接著就讓我們以壓平上半身的姿勢，儘量縮小前方視角可見的投影面積，思考能帶來怎樣的效果。

以定速移動時，推力會等於空氣阻力。當推力大於阻力就會開始加速，小於阻力則會減速。

定速下的推力T等於空氣阻力D，所以可得到下述關係。

$$T=D \qquad D=C_D\frac{1}{2}\rho u^2A \quad \rightarrow ①$$

假設推力不變，投影面積改變的話，會對時間帶來怎樣的影響呢？

將最初狀態標註小字1，姿勢改變後的狀態標註小字2，由於推力維持不變，所以從公式①可得出

$$C_D\frac{1}{2}\rho u_1^2A_1=C_D\frac{1}{2}\rho u_2^2A_2 \quad \rightarrow ②$$

另外，速度與時間相乘後會是距離500m，所以

$$500=u_1t_1=u_2t_2 \quad \rightarrow ③$$

將公式③的關係代入公式②再加以整理後，就能導出

$$\frac{u_1}{u_2}=\frac{t_2}{t_1}=\sqrt{\frac{A_2}{A_1}} \quad \rightarrow ④$$

當年亞軍李相花選手的成績是37秒33，如果李選手想要比小平選手的紀錄再快0．01秒，那

麼我們可以將t_1=37.33、t_2=36.94-0.01=36.93代入公式④，並求出面積比，這時會得到

$$\frac{A_2}{A_1}=\left(\frac{t_2}{t_1}\right)^2=\left(\frac{36.93}{37.33}\right)^2=0.979$$

由此可知，只要投影面積縮小為98％，就能創下贏過小平選手的成績。

假設原本的上體傾斜角度為θ_1，修正後的傾斜角度為θ_2的話，上體的投影面積比就會是

$$\frac{\sin\theta_2}{\sin\theta_1}$$

那麼，$\theta_2=0.979\theta_1$。

假設θ_1=10°，這表示只要讓θ_2=9.79°，也就是角度只要再小個0.21°就有機會獲勝。用說的很簡單，但實際上要擺出並維持這樣的姿勢可是非常困難的喔。

1 只要上半身維持水平，縮小投影面積就能破紀錄

小平選手的成績為36秒94，亞軍的李選手為37秒33。
如果李選手想要逆轉勝，就必須讓滑冰姿勢的上體角度再壓低0.21°。

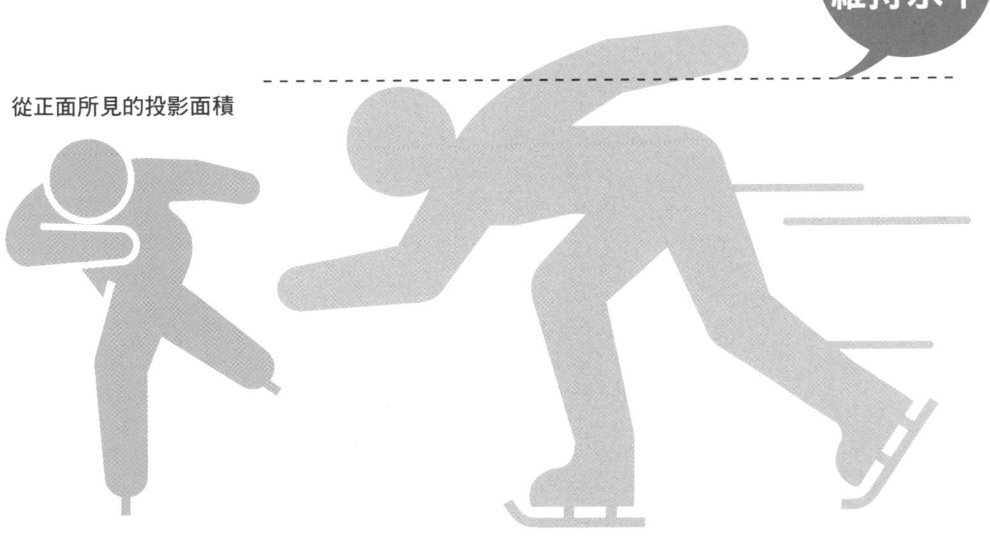

競速滑冰
團體追逐賽

怎樣的隊形才能減少空氣阻力、提升推力？

2018年平昌冬奧的女子競速滑冰團體追逐決賽中，高木美帆、佐藤綾乃與高木奈奈三名選手力克強敵荷蘭隊奪金。從正面觀察三名選手在滑冰時的模樣，看起來只有一位選手在場上，筆直排成一線，整齊劃一的狀態十分美麗。

為什麼團體追逐賽時，選手們要緊貼著彼此縱排成一線滑行呢？這完全反映出物理特性，因為**當隊伍成員聚集在一起，就能減少空氣阻力**。

從上方觀察選手彎低的上半身，看起來就像是短徑：長徑＝1：2的橢圓形。**與圓形的阻力係數C_D=1.2相比，橢圓形的阻力係數C_D=0.6，是圓形的一半**。

接著，如果三名選手像圖❶一樣，筆直地排成一條線，那麼從上面觀察時，可以看成短徑：長徑＝1：3的橢圓形。那麼這時的阻力係數**C_D=0.2～0.3，施加在整支隊伍的空氣阻力會比只有一名選手的狀態減少為3分之1左右**。所以維持這樣的隊形不僅能預防疲勞，還能將體力保留到賽事後半階段，讓自己剩下更多的力量推進衝刺。

其實這場決賽中，荷蘭隊在中場前一直維持領先，不過因為她們無法做出像日本隊一樣的隊形，所以在最後2圈成績開始大幅落後，讓日本隊能以1秒58的時間差逆轉勝。真要說的話，都要多虧平常日本隊有在練習如何維持隊形。

順帶一提，假設2圓柱縱向排列，以圓柱直徑d的比來表示圓柱間距離s時，當s/d=0～2，前方圓柱C_{D1}≒**0.9**，而後方圓柱C_{D2}≒**0.4**，換句話說，後方圓柱將能獲得推力，這其實就是賽車比賽中所說的滑流（Slipstream）。而這股滑流還能降低前方圓柱的阻力係數。

此外，當 s / d = 2 ~ 8 時，前方圓柱的 C_{D1} ≒ 1.1，而後方圓柱 C_{D2} ≒ 0.3。這也是為什麼跑馬拉松或自行車比賽時，選手喜歡縱排成一條線的緣故。

1 能夠降低空氣阻力的團體追逐賽隊形（上方俯視圖）

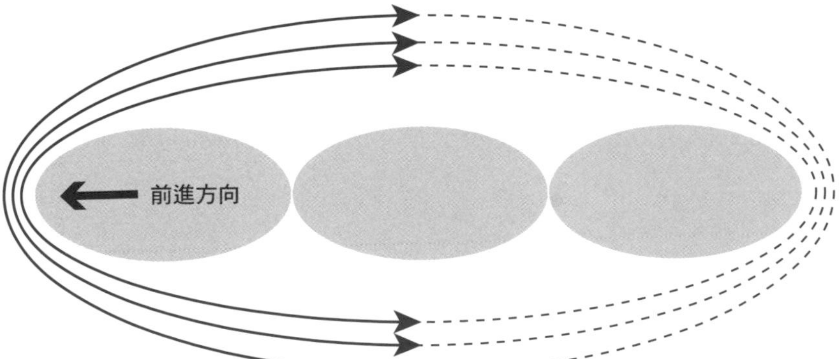

組隊形還能降低空氣阻力喔！

高山滑雪

該如何掌握滑行路線，爭取那100分之1秒取勝？

高山滑雪這項競技必須與對手爭取那100分之1秒，所以如何加快往下滑行時的速度將會是最優先考量。當然，正確跑完路線也很重要。舉例來說，**如果是以100km的時速進行速降賽（Downhill），那麼100分之1秒的滑行距離可達27.8cm**。一旦路線錯誤，**多滑個27.8cm就會造成100分之1秒的時間差**，所以高山滑雪是項非常殘酷的競技。

前面已有提到，人需要0.2秒的時間才能做出反應。如果比的是速降賽，從下判斷到做出行動這0.2秒的過程中，選手已經移動了5.56m，所以發現「有彎道！」的當下，其實已經來不及反應，選手只好滑行多餘的距離。

但這裡並沒有要探討速降賽，而是打算思考小迴轉賽（Slalom）的部分。

以小迴轉賽來說，最短距離會是圖❶中，串聯起所有旗門的灰色虛線。選手想拿下勝利的話，就必須迅速掌握旗門向量（以箭頭表示）的方向，思考怎樣的滑法才能順利通過旗門。

以實際情況來說，如果改用曲線順著灰色虛線將所有的旗門連起，將會得到圖中灰色的實線。即便這樣的路徑能讓選手順利通過旗門，卻已和直線距離相差甚遠。遇到這種情況該如何解決呢？

其實，**想要自然連接起各點還有一種方法，那就是採取平滑曲線**。旗門的向量其實存在有該點與前後兩點相連的方向，將點與點相連起來的曲線為三次曲線，可用圖中的藍色曲線來表示，這條曲線接近我們目標的直線路徑，同時也是條自然曲線。**平滑曲線就像是我們在繪製設計**

圖面時，用雲形尺所勾勒、接近人手繪而成的曲線。

想要順利跑完路線的話，就必須在腦中勾勒出平滑曲線，並在通過一號旗門當下，思考通過二號旗門的時候，曲線該以怎樣的切線方向，串聯起正在通過的一號旗門以及後續的三號旗門。所以跑路線最關鍵的環節在於**隨時都要掌握接下來兩個旗門的位置**。

我們心中的理想路徑雖然是直線，但以數學的角度來說，直線與直線的交點並非平滑狀態，所以光靠一個點難以定義向量的方向。這也是為何我們無法得知究竟該朝哪個方向轉彎。

不過，平滑曲線不僅能通過每道旗門，線條還很平滑。所以旗門位置的向量能透過相連起旗門彼此間的方向來決定。

1 小迴轉賽的旗門與滑行路線

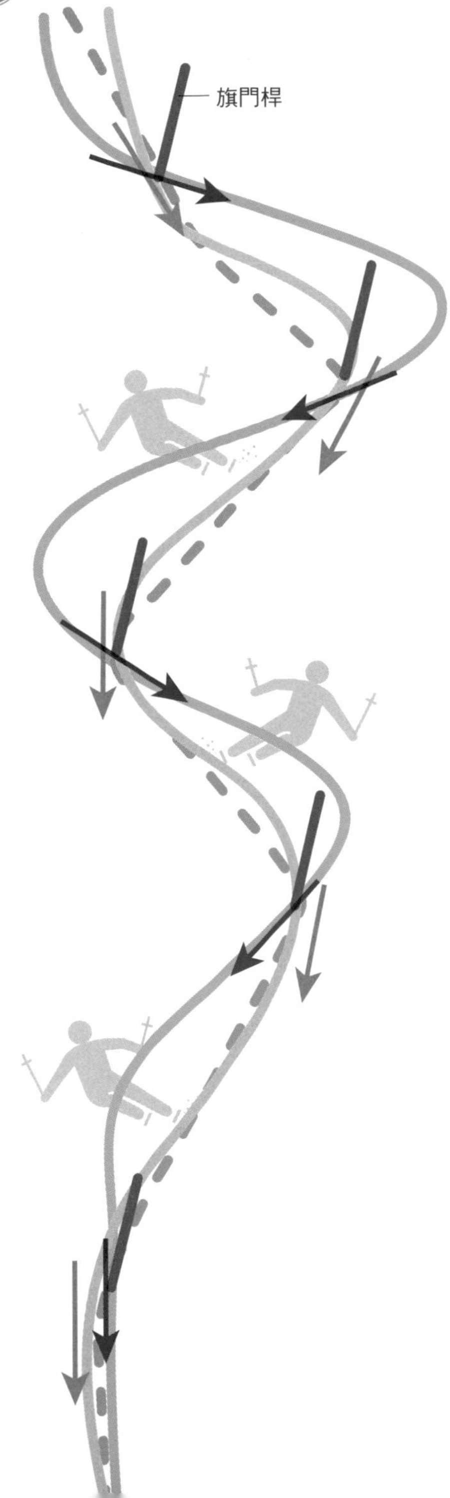

越野滑雪

用雪仗撐地的力量比用腳蹬地還強大？

越野滑雪與滑冰一樣，可分成自由式滑行以及拖著步伐行走的傳統式滑行。兩者都是透過腳踢蹬雪面的方式前進，但**想要獲得推力的話，用雪仗撐地的動作就很重要**。選手在蹬地間的空檔會靠雪板滑行，感覺就像是以四肢著地的方式奔跑。如果是採自由式滑行，雪杖的長度會比身高短15～20cm，傳統式滑行的雪仗長度則會比身高短25～30cm。若選手身高為175cm，高山滑雪使用的雪杖長度為117～123cm，相較之下越野滑雪的雪杖可是長了許多。會有這樣的差異，是因為越野滑雪必須盡可能地拉長雪杖撐壓雪面的時間。

從圖❶便可得知，**當長度L的雪杖朝前方插地時，只要雪杖和雪面呈直角，就不會產生制動力**。另外也可得知，手臂水平前伸做出直角的長度，相當於到肩膀的高度。從該處算起到雪杖離地的距離，就是以雪杖撐壓雪面的距離。從圖可以發現，該距離d可以用r+s來表示。r為手臂長，s則是L與斜邊（r+L）的直角三角形之底邊長，所以可以得到

$$s=\sqrt{(r+L)^2-L^2}$$

因此，撐壓的距離d為

$$d=r+\sqrt{(r+L)^2-L^2} \quad \to ①$$

由此可知，**手臂r愈長，撐壓的距離d就會更長**。

所謂**推力F所構成的距離很長，換個角度其實就代表時間t很長**。如果看成質量m的人體運

動方程式，那麼速度v會是

$$v=\left(\frac{F}{m}\right)t \quad \rightarrow ②$$

可見能對提升速度帶來貢獻。我們還可得知，當選手體重愈輕，對提升速度也會愈有利呢。

1 以雪杖撐壓雪面的距離

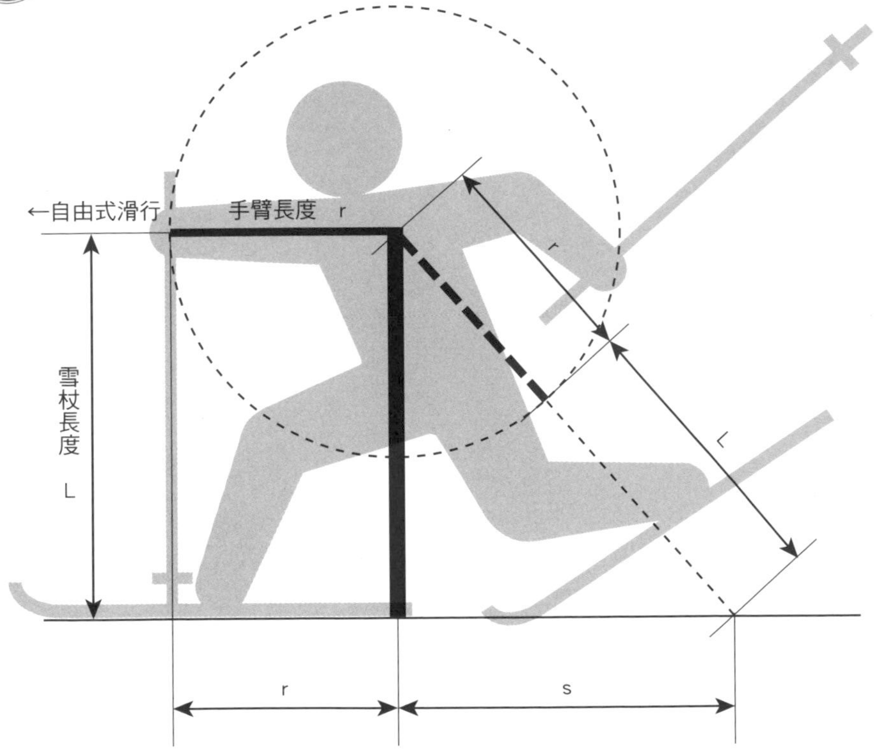

31

跳台滑雪

要學飛鼠姿勢，才能形成升力，飛得更遠？

說到跳台滑雪，大家的腦中應該都會浮現高梨沙羅選手或傳奇人物葛西紀明選手的英姿吧。在跳台滑雪競技中，選手會先從跳台的助跑道往下滑，並於助跑道的末端，也就是從起跳點（Kante，往下傾斜**11°**角）以每小時約90km的速度飛躍起身，普通跳台的飛躍距離將近100m，高跳台可達130m，最後再以弓步姿勢（Telemark）落地。

選手用來落地的著陸坡（Landing hill）可以分成P點（藍線）、K點（紅線）以及L點（Hill Size），P點代表落地區域的起始點、K點的K取自德文Konstruktionspunkt（建築基準點）的字首、L點則代表落地區域的臨界點。以日本札幌大倉山跳台來說，助跑道長101m、傾斜角度35°、著陸坡長度202.8m，P點位於100m處，K點與L點則分別落在120m和134m處。這些長度都是從起跳點沿著斜坡所測得的距離。起跳點和K點高度落差h=60.58m，直線距離n則是105.58m。

高梨沙羅選手和葛西紀明選手有個共通點，那就是**他們在空中飛行的軌跡並非拋物線，而是以接近直線的軌跡貼著斜坡飛行。這種飛行方式能將空氣阻力轉換成往上作用的力量（升力）**，同時也被形容成很像飛鼠滑空飛行的姿勢。

升力和阻力的比值又叫升阻比（lift-drag ratio），升阻比亦可用來表示從水平測得的角度。升力愈大，該角度就會變小，那麼物體就不易落地。此時的狀態很像降落傘降落時，阻力會形成一股往上的力量，使人緩慢著地。所以**飛行**

過程中只要能讓空氣阻力變大，往上的力量就會跟著變大，那麼選手便能緩慢落地。

不過，從圖❶也可看出，**當空氣阻力愈大，水平方向的作用力也會跟著變大，形成減速效果**，最終使得選手無法飛更遠。為了避免此情況發生，**選手必須讓身體處於幾近水平的狀態，營造出降低水平方向阻力、增加鉛直方向阻力的條件**。當選手技術不夠純熟，就很容易在空中挺起身體，使水平方向的空氣阻力變大，最終只能草草落地。

若要增加飛行距離，就必須迅速決定在空中的姿勢，並維持好姿勢，那麼**起跳時必須做出讓身體水平飛出的起身動作**。跳台的起跳點會往下傾斜11°，所以起跳90km（25m/s）的時速中，包含了4.77m/s朝下的速度，而**選手要試圖起身，讓這股速度歸零**。高梨選手的體重為**45kgf**，如果要在0.2秒做出反應起身，以動量來看會需要**45(4.77-0)/0.2=1073N**的力量，相當於舉起**110kgf**重物。當選手以這樣的力量朝水平方向飛出，飛出時立刻讓身體維持水平飛行狀態的話，就能達成終極的飛鼠飛行姿勢。

1 跳台滑雪過程中會形成的作用力

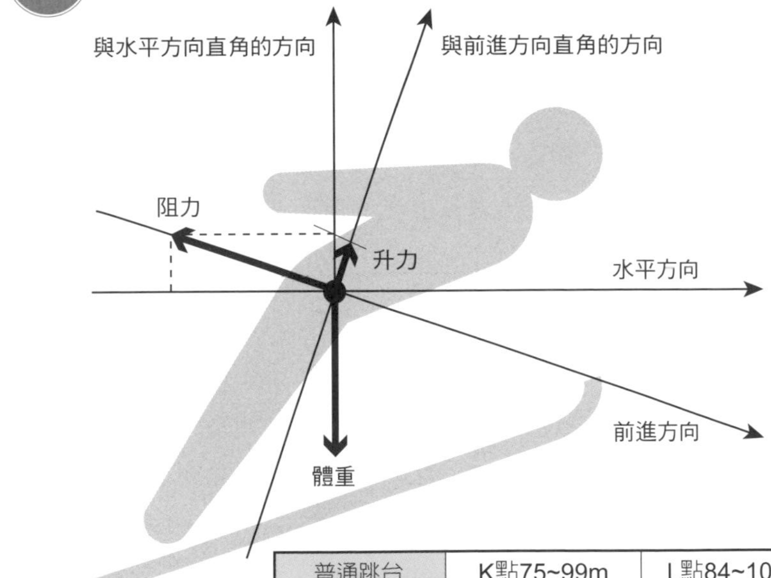

普通跳台	K點75~99m	L點84~109m
高跳台	K點100m以上	L點110m以上
飛行跳台	K點175m以上	L點185m以上

※飛行跳台並未納入奧運項目中

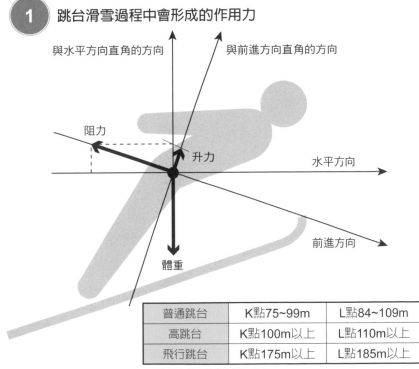

32

雪板

雪的密度與滑行速度能讓雪板飄起來？

每塊雪板的平均面積為0.38m^2，跟雙板滑雪加起來的總面積差不多。如果是體重65kg的人踩在雪板上面，就代表每1cm^2的雪板大約承受17gf重物（17枚1圓日幣）的壓力，這時我們可以得知，疊放17枚1圓日幣的話，是不會沉入雪裡面的。**雪板就是透過將體重分散於大面積的方式，減輕對雪的負擔**。

接著就讓我們來了解一下，**雪板是如何在鬆軟的細雪上滑行的吧。往前進的力量（推力）會是將體重分解後，往斜下方推進的力量**。體重65kgf的人滑行於25°斜坡時，推力為**65×sin(25°)=27.5kgf**，換個形容方式，相當於人被這麼重的重物拉扯，這時會形成等加速運動，所以速度$v=g\sin\theta\times t$。**θ是斜坡角度，t是開始滑行後所經過的時間**。由公式中可以得知，速度會隨時間逐漸增加。不過，**實際上還存在空氣阻力作用的關係，所以到了某個速度時，就會維持定速**，我們稱此定速為**終端速度**，可以用下述公式表示。

$$V_{terminal}=\sqrt{\frac{mg\sin\theta}{k}}$$

k是指身體所承受的空氣阻力係數，

$$k=C_D\frac{1}{2}\rho A$$

另外，**C_D是指身體的阻力係數，ρ是空氣密度，A是從前方觀察身體時的可見面積（投影面積）**。假設C_D=1.1、ρ=1.2kg/m^3、A=0.85m^2，那麼$V_{terminal}$會是

$$v_{terminal}=\sqrt{\frac{65\times9.8\times\sin25°}{1.1\times0.5\times1.2\times0.85}}=21.9m/s(=79km/h)$$

如果和不考慮空氣阻力的速度來比較，即表示開始滑行6秒後，就會以定速$v_{terminal}$滑行。若身上穿著笨重的服飾，使C_D=1.7、**A=1.02m²**的話，那麼$v_{terminal}$就會變慢成16.1m/s（=58km/h），由此可知，**服裝對滑行速度的影響還蠻大的**呢。

那麼，在滑行時支撐體重的力量又會有怎樣的變化呢？如果是形狀如圖❶的雪板，那麼**雪板下方參雜著雪的氣流，就會形成一股反作用力，與讓傾斜雪板往下彎之力量相抵觸**，當這股往上的力量與體重抵銷，就可以使人飄在粉雪上囉。

假設粉雪的密度（參雜著雪的空氣密度）為**50kg/m³**。當雪板以19.7m/s的速度，朝前進方向傾斜**18°**的路線滑行，那麼與改變氣流方向之力量相抵觸，且和前進方向呈現直角的反作用力就會是**F_y72kgf**，這時就能算出支撐體重的力量為**$F_y$cos25°=65kgf**。

1 參雜著雪的氣流會對雪板形成一股反推力

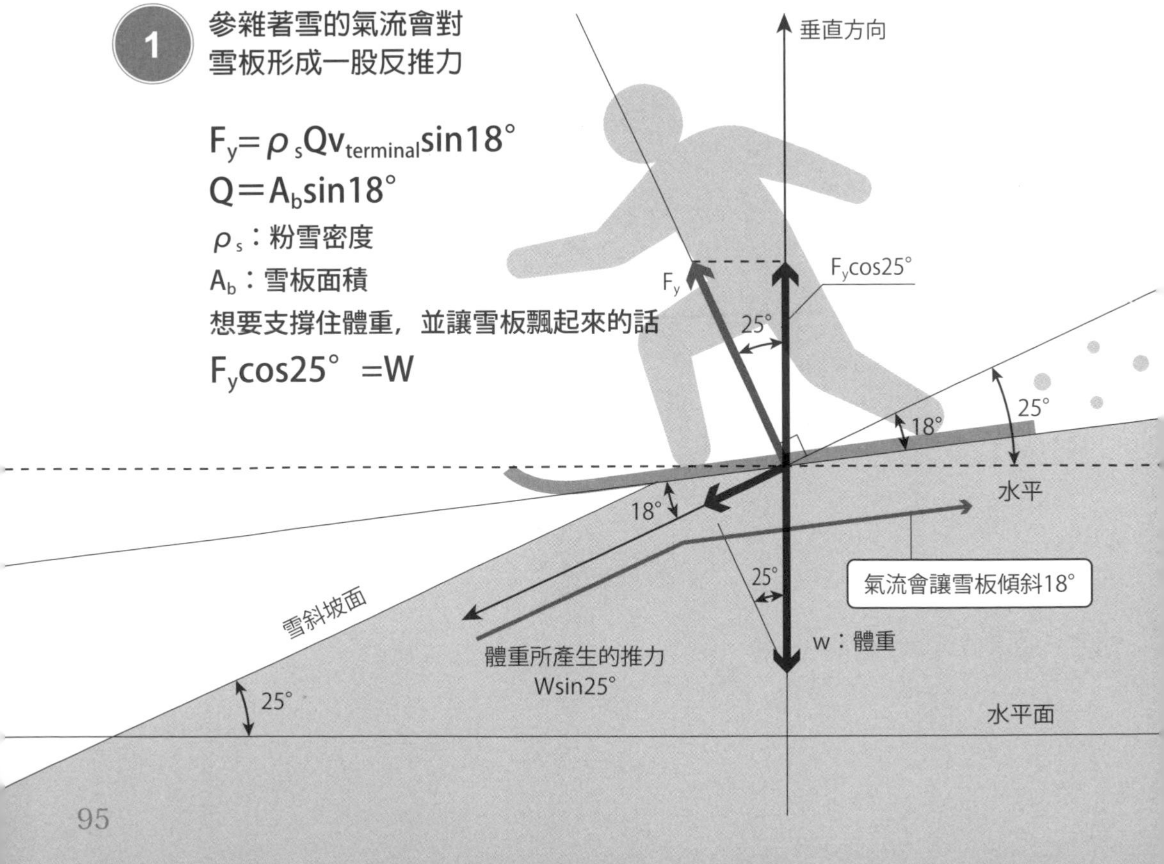

$F_y=\rho_s Q v_{terminal}\sin18°$

$Q=A_b\sin18°$

ρ_s：粉雪密度

A_b：雪板面積

想要支撐住體重，並讓雪板飄起來的話

$F_y\cos25°=W$

雪車

起跑時所有隊員施予的推力有助縮短滑行時間？

雪車賽道的平均長度為1300m，高低落差為110m，最大斜度15°。從長度與高低落差可以算出賽道整體的平均斜度**$\theta=\sin^{-1}(110/1300)=4.85°$**。四人賽的雪車項目有規定整台雪車包含選手體重不得超過630kgf。這裡就讓我們假設m=630kg。

$$v_{terminal}=\sqrt{\frac{mg\sin\theta}{k}} \rightarrow ①$$

k是指身體所承受的空氣阻力係數，

$$k=C_D\frac{1}{2}\rho A+k_f$$

另外，**C_D是指雪車形狀的阻力係數，ρ是空氣密度，A則是從前方觀察雪車時的可見面積（投影面積），k_f則是雪車滑刀與冰面的摩擦阻力係數**。

假設**$C_D=0.3$、$A=\pi\times0.3^2=0.28m^2$、$\rho=1.2kg/m^3$、$k_f=0.45$**，將這些數值代入公式①的話，可以得到

$$v_{terminal}=\sqrt{\frac{630\times9.8\times\sin4.85°}{0.3\times0.5\times1.2\times0.28+0.45}}=32.3m/s(=116km/h)$$

若以這個速度滑行1300m的賽道，照理說40．25秒就能抵達終點。但是就在算沒有阻力的條件下，根據$v=g\sin\theta\times t$，想達到這個速度也需要39秒。這意味著只靠自然加速的話，必須等到快接近終點時才會達到雪車的設計速度，對此，**選手們勢必要在起跑時邊滑邊推，注入一股加速的力量**。

假設這股必要的力量可維持5秒，四

人賽選手每人體重70kgf，雪車本體重量為350kg的話，那麼四人必須產生**F=350×(32.3-0)/5=2261N**的推力，才能讓雪車達到目標速度。如果能產出比2261N更大的力量，則代表加速時間也會跟著縮短，甚至創下佳績。因此在雪車比賽中，所有隊員的推力將會是關鍵環節。

接著，**從公式①可以得知，如果想讓與阻力抵銷後的終端速度$V_{terminal}$更快，就必須讓k變小。k的影響因子包含了空氣阻力、雪車滑刀與冰面的摩擦阻力係數**。如果k能減少1%，雪車速度就會是33.74m/s，整體可提升4.5%。滑行時間則會變成38.53秒，代表能縮短1.72秒。以爭取那100分之1或1000分之1秒的競技來說，應該就能感受到減少1%的阻力後，成效是有多麼驚人了。所以啦……如何透過工學設計減少阻力何其重要。

圖❶的雪車設計結合了流體工學概念，若想將空氣阻力係數降至10分之1，就必須想辦法減少25%的滑刀阻力。

1 以流體工學為概念的設計圖

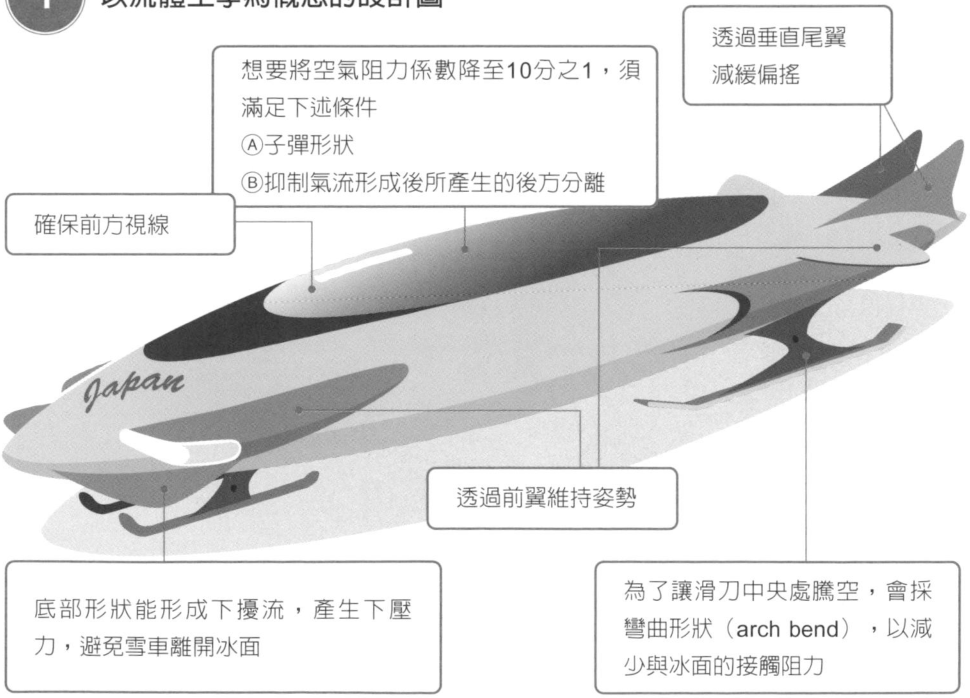
透過垂直尾翼減緩偏搖
想要將空氣阻力係數降至10分之1，須滿足下述條件
Ⓐ子彈形狀
Ⓑ抑制氣流形成後所產生的後方分離
確保前方視線
Japan
透過前翼維持姿勢
底部形狀能形成下擾流，產生下壓力，避免雪車離開冰面
為了讓滑刀中央處騰空，會採彎曲形狀（arch bend），以減少與冰面的接觸阻力

34

拳擊

什麼是能提高衝擊力，擊倒選手的重擊？

職業拳擊使用的手套，可分成極小量級（Minimun）～超級輕量級（Super Light）的8盎司手套（227g），以及沉量級（Welter）～重量級（Heavy）的10盎司手套（283.5g）。目前世界拳擊協會WBA的雛量級（Bantam）拳王井上尚彌是身高**165cm**、臂展**171cm**的右撇子選手。井上尚彌拳拳充滿破壞力，能在場上迅速KO擊倒對手，所以又被暱稱為怪物。可能是因為雛量級的選手體重須落在53kgf左右，相當符合身形嬌小的日本人，過去也曾出現過長谷川穗積選手、山中慎介選手等多位世界冠軍。

　人體頭部重量大約占體重8%，身體部分占46%，所以雛量級53kg選手的頭重4.24kgf、身體重量則是24.4kgf。拳頭加上手套的重量為0.53+0.227=0.757kgf，相比之下頭為6倍重、身體為32倍重。這裡就以此條件為前提做進一步探討。

　當臉部或身體承受重擊且絲毫不為所動，那我們可以從套上手套的拳頭動量變化來估算衝擊力。假設拳頭套上手套後質量為m，重擊速度為v_1、回彈速度為v_2，那麼重擊力F為

$$F=\frac{d(mv)}{dx}=\frac{mv_2-mv_1}{\Delta t}=\frac{I}{\Delta t}$$

I(=FΔt)也可稱作衝量，單位為[N.s]，用來表示動量變化。從公式①可以得知，**如果想提高出拳時的力量（衝擊力）F，就必須加大動量差，或縮短出拳時間。**

　假設出拳時$v_1=v$、$v_2=v$，也就是出拳速度（負向）等於收拳速度（正向），那麼衝擊力

$F=2mv/\Delta t$，由此可知，衝擊瞬間的動量差最大。另外，出拳時間Δt愈短，對對手造成的瞬間衝擊力就會愈大，此拳種又稱為刺拳（jab）。刺拳的力道雖然強勁，但時間相當短暫，僅是一瞬間，所以想要加大威力的話，就必須增加擊出次數。

直拳、勾拳等拳種則是利用手臂的擺動將重量附加於拳頭上，放大質量m。這時不會收回手臂，所以回彈速度$v_2=0$，即代表衝擊力**$F=mv/\Delta t$**，力道僅刺拳一半，這也是為什麼選手必須將體重附加於拳頭上，讓m變大來打擊對手。當選手成功擊出有衝擊力道的拳，其實只要一拳就能把對手打趴在地。不管這拳是朝向對手下巴或身體，搭配體重就能讓必殺之拳成功炸裂。

1 刺拳的效果

- 重擊速度→v_1
- 回彈速度→v_2
- 當v_1、v_2相等，衝擊力$F=2mv/\Delta t$，那麼衝擊瞬間的動量差會最大
- 出拳時間Δt愈短，對對手造成的衝擊力就會愈大

2 直拳、勾拳的效果

- 手臂不會收回，所以回彈速度$v_2=0$
- 衝擊力$F=mv/\Delta t$，力道僅刺拳一半
- 必須將體重附加於拳頭上，讓質量m變大
- 附加上體重，讓質量m變大以攻擊對手，就能強化破壞威力

35

柔道

能掙脫上四方固，袈裟固卻逃脫不了？

柔道技法的固技又可細分成9種壓制法（Osaekomi-waza，抑込技）、11種勒頸法（Shime-waza，絞技）與9種關節技術動作（Kansetsu-waza，関節技），這裡會針對壓制法作討論。**壓制法其實歸類為在地面施展的寢技**，意指讓對手仰躺，將其背部、雙肩或單肩壓制於榻榻米，無需用自己的身體或腳夾住對手的腳，就能維持姿勢，壓制住對手。對手會想要扭動、翻轉或橋姿（bridge）來脫逃卻無法順利掙脫，只要成功壓制20秒即算一勝。

接著就讓我們從力學角度，來思考一下當自己被壓制時，該怎麼做才能逃脫？假設A是壓制方，B是被壓制方。

做出上四方固壓制的A會讓自己的身體遠離對手，這樣不僅能避免被對手B纏住，還能牽制住對手，使其頭部與手臂無法自由活動。以身體活動難易度來說，人較容易做出朝頭部方向扭轉身體的動作，所以這樣的壓制法等於控制了對手頭部的活動度。如果連單臂都無法自由活動，當然就更難做出扭轉、拉扯等動作。不過，還是要小心B用腳施力做出扭轉反擊。

假設A張開雙腳，踏在地板所形成的夾角為θ，並壓制住B的頭部到整個上半身，那麼情境會如圖❶所示，當B能釋放出$F>W/\tan\theta$的力量，就可以翻轉身體，成功掙脫，而這時扭轉身體所需的扭力$T=3rF$。r是將身體看成圓柱時的半徑長。**想要逃脫上四方固壓制的話，被壓制方B必須讓角度θ愈大愈好，也就是讓A的腳儘量服貼著自己的身體**。當θ為90°，tanθ就會是∞，這時便能輕鬆翻轉掙脫。

接著來看看袈裟固壓制的情境（圖❷）。B如果想要掙脫壓制，就必須運用自由雙腿的力矩，這個動作可用**$L_bW_L\sin\theta$**來表示。L_b是指大腿根部到腿部重心的距離，W_L為雙腳重量（=0.34W）。只要B的動作**$L_bW_L\sin\theta$**比A體重**$W\sin63°(63°=\tan^{-1}(2r/r))$**乘以兩者距離$\sqrt{5}r$的力矩還大，被壓制方B就能成功翻轉，因為

$$L_bW_L\sin\theta \geq \sqrt{5}rW\sin63°$$

不過，如果具體代入**W=70kgf**、**r=0.15**、**W_L=0.34×70=23.8kgf**等數值，那麼可以導出

$$L_b = \frac{0.88}{\sin\theta}$$

當θ=45°，L_b=1.24m。θ=60°，L_b=1.01m。θ=90°的話，L_b=0.88m，根本就是現實中無法擁有的腿長。所以，**被袈裟固壓制時，是不可能翻轉掙脫的，各位只能把上述內容視為觀念囉。**

❶ 上四方固的情境

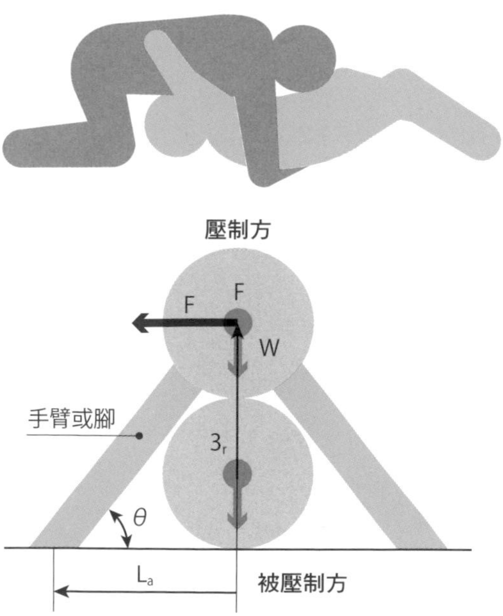

❷ 袈裟固的情境

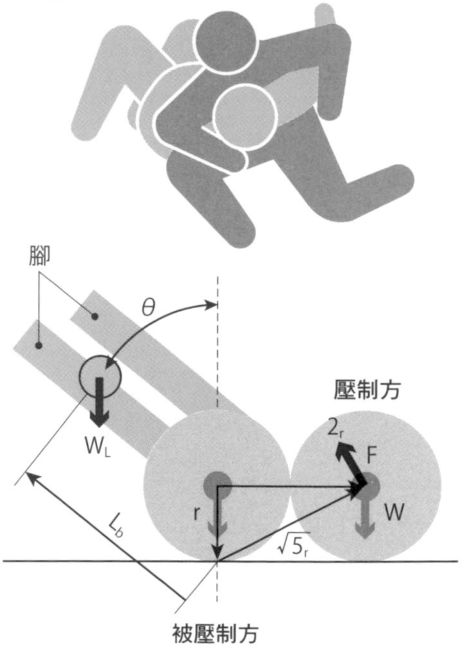

36

劍道

何謂用竹刀「擊刺部」打擊面部的殘心物理？

成人男子用的竹刀一般又稱作三九，長度L為3尺9寸（3×30.33cm+9×3.03cm=118.26cm），重量則會大於510gf。握刀的方法各位可以參照圖❶，通常會用左手無名指與小指握住柄頭（其他手指則是靠著即可），右手會抵靠著接近鍔的部位。從頭上45°的位置揮拉手中的竹刀，左手揮動時要搭配竹刀的重量，以「擊刺部」（物打ち）打擊對手的頭頂區域，同時大喊「面！」，並維持名為「殘心」的姿態。根據劍道7段達人E某表示，**「殘心是在擊敗對手時，對對手表達敬意的姿勢」**。**當打擊看不出殘心時，就無法被視為一勝，所以是極為關鍵的動作**，也是武道講究的心技一體。

那麼，裁判如何看出選手是否帶有殘心，判讀是否能列入一勝呢？裁判當然無法讀取人心，但會從動作觀察選手有無殘心。接著就讓我們來想想裁判是怎麼辦到的？

以手握的柄頭為支點，從柄頭到重心的距離視為L_g，到擊刺中心部的距離為L_s。**劍道所說的擊刺部，相當於棒球球棒的棒芯**。其實日本刀也有擊刺部，並可透過震動試驗證明該部位就是刀芯。

以竹刀擊刺部進行打擊時，竹刀從對手面部頂端彈回的作用力F，會以重心為中心產生一股順時針的旋轉（從圖❶的方向觀察時）。**這股力量會使柄頭形成一股往下旋轉的速度**。另外，**F還會使重心往上移動，所以柄頭同時存在一股朝上的移動速度。朝下與朝上的速度相同，但方向相反，會相互抵銷，因此柄頭部分不會晃動**。

以擊刺部之外的部位打擊時，會使速度形成

落差，導致柄頭晃動，晃動所帶來的振動也會傳至手部，讓手感到麻麻的。由此可知，**以擊刺部打擊時，手的動作會明顯靜止，這就是殘心，目視觀察也看得出手完全處於靜止狀態**。

假設擊刺部的質量為m_s，根據槓桿原理，

$$m_s=\frac{L_g}{L_s}m$$

力量F則可以下述公式表示。

$$F=\frac{d(m_sv)}{dx}=\frac{m_sv_2-m_sv_1}{\Delta t}=\frac{I}{\Delta t}$$

I是指衝量。從公式可以得知，若要加大打擊時的作用力F，就必須使動量差變大，或是縮短打擊時間。假設打擊時的$v_1=v$、$v_2=v$，可以導出$F=2m_2v/\Delta t$，而這時的動量差也會最大。速度相同，但方向相反的條件與前述一樣，所以打擊後還是會呈靜止狀態，由此便可看出殘心。在上述的物理作用下，**當打擊時間愈短，施予對手面部的力道愈大**，所以被高手高喊「面！」攻擊時，可以感受到竹刀重擊劈來的感覺，甚至連腳趾都會因此麻痺。

1 竹刀

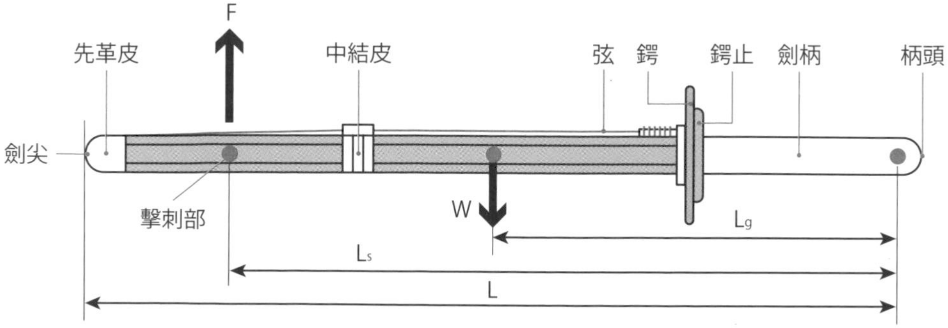

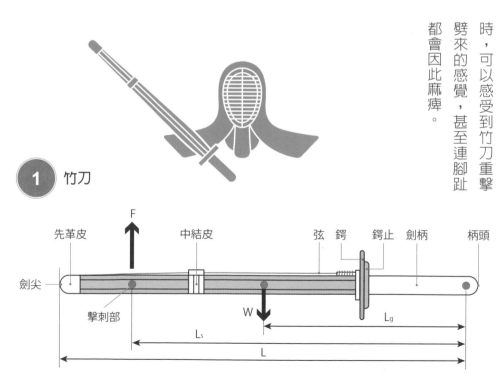

37

拔河

體重較重對拔河真的有幫助？

拔河自1900年第2屆奧運起，共連續比了5屆，這裡就讓我們來探討一下，選手拉住繩索並維持姿勢會是怎樣的情況（圖❶）？左右兩邊的選手體重分別是W_1、W_2，身體角度為θ_1、θ_2。假設繩子分別延伸通過左側選手的重心A1與右側選手的重心B1，腳與地面的接點則分別是A2及B2。那麼線條A1→A2與地面會形成角度θ_1，線條B1→B2與地面則會形成角度θ_2，接著將左邊選手拉繩的力量視為F_1，右邊選手拉繩的力量視為F_2。

假設所有力量在A1會相抵銷，且點A1朝著A2處於固定不動的狀態，這時$F \leqq \mu W_1$。**當摩擦力所形成的拉伸力量F夠大，A2就會朝F_2（右邊選手）的方向移動（滑動）。這麼一來，靜止狀態下的最大拉伸力會是$F=\mu W_1$**。同理可證，B1、B2各點的情況也一樣，因此可以導出**讓右邊選手維持固定不滑動的最大拉伸力$F=\mu W_2$**。

雙方的拉力在繩子中央相互抵銷，也就是$F_1=F_2$，再加上$F_2=W_1/\tan\theta_1$、$F_1=W_2/\tan\theta_2$，所以可以得到

$$\frac{W_1}{W_2}=\frac{\tan\theta_1}{\tan\theta_2}$$

如果$\theta_1=60°$、$\theta_2=30°$，那麼

$$\frac{W_1}{W_2}=\frac{\tan 60°}{\tan 30°}=3$$

假設左邊選手的體**重W_1是右邊選手體重W_2的3倍，即可得知兩邊的傾**

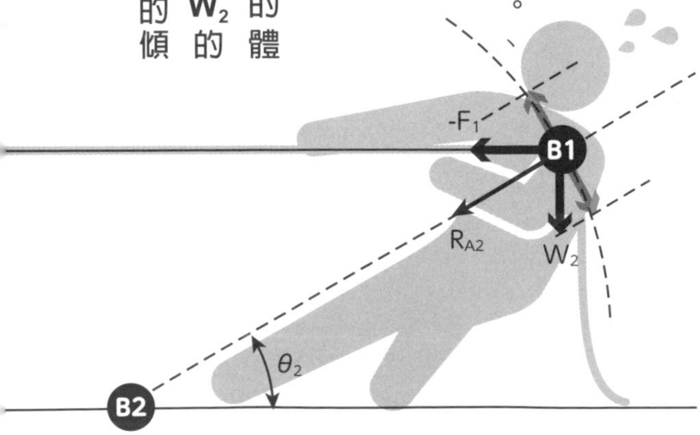

角。換句話說，在兩邊存在體重差的情況下，如果想讓選手們固定不動，就必須擺出這樣的角度。

接著，讓我們試著算出此狀態下的拉力。當W_2=60kgf，就表示W_1=180kgf，拉力為**$F_1=F_2=W_2/\tan\theta_2$=60kgf/tan60°=35kgf=343N**。假設摩擦係數**μ=0.7**，那麼**$F_{1f}=\mu W_1$=0.7×180kgf=126kgf=1235N**，**$F_{2f}=\mu W_2$=0.7×60kgf=42kgf=412N**。拉力小於摩擦力，所以兩邊的選手都是處於靜止狀態，不會滑動。

接著假設彼此處於互相牽制不動的條件，而右邊選手開始傾斜身體，避免自己滑動的話，我們可以從$F_2=W_1/\tan\theta_1=\mu W_1$=0.7×180kgf=126kgf=1235N，導出θ_1=55°。左邊選手想承受住這股拉力的話，就必須跟著傾斜身體。根據F_1=60kgf/$\tan\theta_2$=1235N，可以得到傾斜角度θ_2=25°的結果。

不過，就算右邊選手再怎麼努力，被拉扯的力量都會大於B2點的靜止摩擦力（412N），所以就算維持25°的傾角，腳步還是會滑動。由此可知，體重愈重，拔河時就會相對有利，穿著靜摩擦係數較大的鞋子也會有所幫助喔。

1 拔河與力的平衡

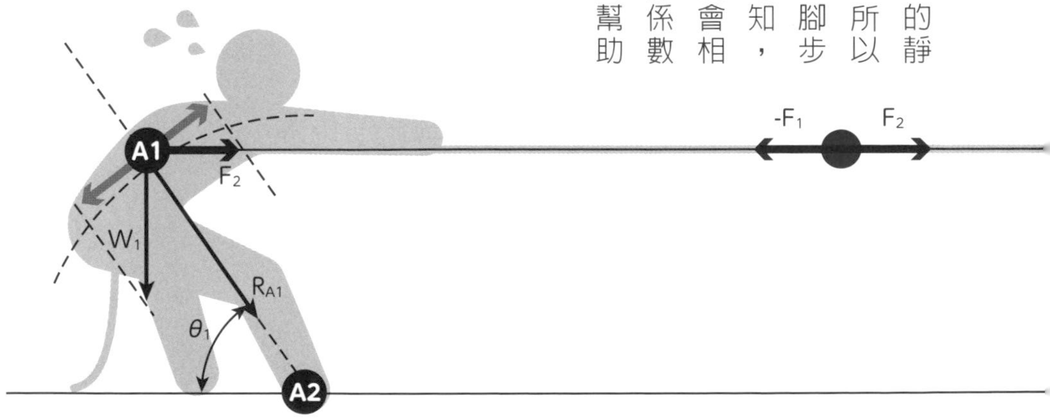

38

相撲

小兵力士有辦法提起巨漢力士？

相撲是現代格鬥技中，不會以體重區分等級的少見項目。裡頭不只有身重超過200kg的巨漢力士，也有體重未達120kg的小兵力士。據說目前幕內力士（2018年1月時）的平均身高為184.2cm，體重為164.0kg。

這裡就讓我們來了解大相撲比賽中，將對手提出土俵外的技巧。**力士的平均背肌力約為1764N（可以舉起180kg的重物）**，如果光靠背肌力，照理說能夠勉強提起體重180kg的力士。**提起對手力士時，不能只靠手臂，還要懂得用自己的腹部將對手抬舉起來**。

我們可以透過簡單的力學模式來思考這時的狀態。先分解把對手置於腹部時上提的力量（圖❶），並順著弧度將對手提起。如果是從正側方提起對手力士，那麼就需要一股相當於力士體重的力量，才能成功將對手提起。若這位對手就是前面提到體重180kgf的力士，可是需要1764N的力量才能把他提起呢。

不過，腹部弧度切線方向的作用力相當於**體重cos**的計算結果，所以會稍微縮水。**與水平面形成的傾角如果是30°，那麼上提的力量會是體重87%，減少為157kgf。角度為45°的話，則會降為71%，也就是128kgf**。若是把對手頂在腹部上，等於是用自己的肚子支撐對方的體重，所以上提需花費的力量為0kgf。將對手提起時，不單要使用臂力，還要運用肚子的弧度，因此這個動作對於有著圓潤體型的力士相對有利。

想用少少的力量提起重物時，就必須運用到**圖❷**的槓桿原理。

當重物置於抗力點，在重物與抗力點間插

入棒子，並於棒子另一端的施力點往下施予力量F_1。這時抗力點會以支點為中心往上提，產生一股龐大的力量F_2。F_2這股力量可用F_2=（支點到施力點的距離L_1）÷（支點到抗力點的距離L_2）×作用在施力點的力量F_1來表示。想要得到更大的力量，就必須加大距離比（$\frac{L_1}{L_2}$）。

換句話說，**【支點到施力點的距離L_1】要比【支點到抗力點的距離L_2】更長。**

如果是用腹部上提對手，那麼與腹部接觸的位置就是支點，這時必須儘量縮短與對手力士間的距離，讓彼此更緊密。另外，從抗力點的肩膀到支點的距離愈長，就能以愈小的力量提起對手。只要充分運用這個物理技巧，就算是小兵力士也能提起巨漢力士喔。

1 用腹部頂著對手將其上提時的作用力

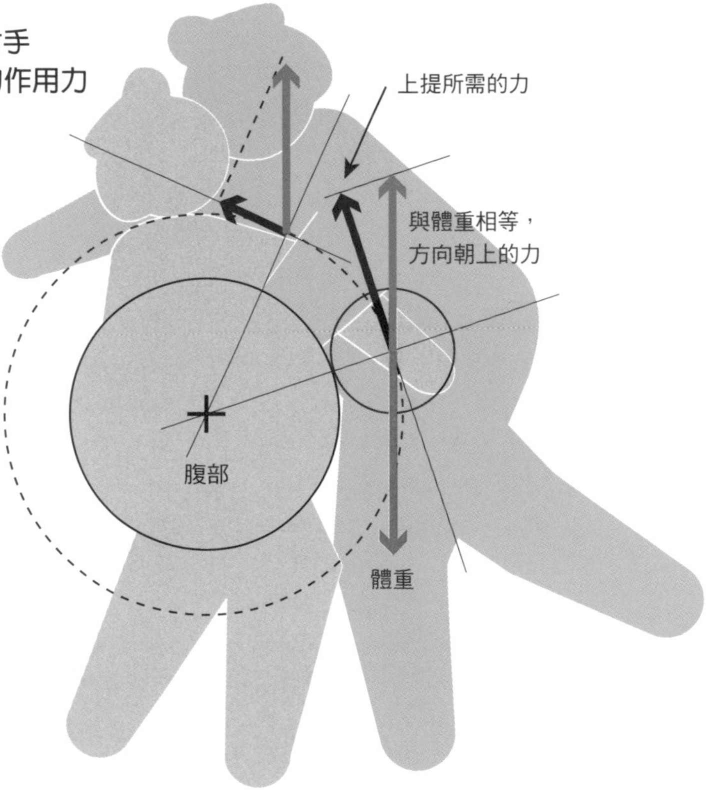

2 槓桿原理

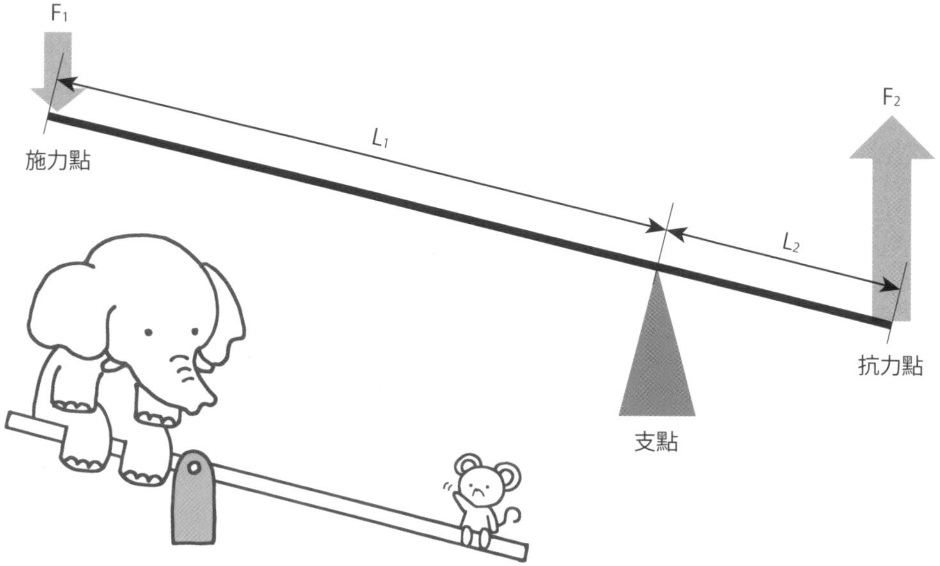

過去100年力士的平均身高與體重推移 （資料來源：NumberWeb）

■2018年1月時　42名幕內力士

【平均】身高184.2cm　體重164.0kg　BMI48.4

最高身高：194cm魁聖、勢／最矮身高：豪風172cm

最重體重：逸ノ城215kg／最輕體重：石浦116kg

■1968年1月時　34名幕內力士

【平均】身高180.9cm　體重130.6kg　BMI39.9

最高身高：高見山192cm／最矮身高：海乃山172cm

最重體重：若見山176kg／最輕體重：若吉葉88kg

■1918年1月時　48名幕內力士

【平均】身高174.6cm　體重102.9kg　BMI33.8

最高身高：對馬洋190cm／最矮身高：小常陸159cm

最重體重：太刀山150kg／最輕體重：石山81kg

39

彈翻床

只要彈起的速度夠快，能到達的最高點都一樣？

2016年里約奧運的男子彈翻床項目中，日本選手棟朝銀河（169cm/63kg）以59．535的得分拿下第四名，伊藤正樹選手（167cm/62kg）則以58．800的成績列居第六，當屆冠軍選手的得分為61．745分。彈翻床是項依據騰空時間（T）、完成度（E）、動作難度（D）進行綜合給分的競技。

選手基本上必須跳得夠高、且做出漂亮動作。騰空時間會以跳躍10次的合計時間來計算給分，騰空時間愈長，分數就愈高，時間長短也會反映在完成度的給分上。完成度會依10個動作（垂直跳、跪跳、轉體跳、屈體跳等）的表現與著地情況給分。姿勢與空翻展體角度、展體姿勢、四肢與轉體時體幹的扭轉程度、手及體幹的貼附度等等都會列入評分項目。針對動作難度的部分，**轉體180°**、立彈空翻**90°**、空翻**360°**（轉一圈）則可分別加0．1分。

冠軍與棟朝銀河選手的分數差為61.745-59.535=2.21。**這表示每次跳躍的秒差為0．221秒**。根據自由落體公式，跳躍高度y與初速度v_0、時間t的關係為

$$v=-gt+v_0,\ y=-\frac{1}{2}gt^2+v_0t$$

接著又可根據能量守恆定律，得知可到達的最高點y_{max}與v_0的關係為

$$\frac{1}{2}mv_0^2=mgy_{max}$$

去除兩邊的質量m，就是

$$y_{max}=\frac{v_0^2}{2g}$$

這也意味著可到達的最高點取決於起跳的速度，跟體重沒有關係。彈翻床的**起跳速度則是取決於網子的彈性**。我們可以從彈性係數與下沉深度y_c，得知彈力$F_c=ky_d$。從y_{max}的高度以v_0的速度朝網子掉落，在網子反作用力的影響下，接著會以v_0的速度往上彈起，這時，選手掉落網子的力F就是Δt這個短暫時間所產生的動量差，所以可以導出

$$F=\frac{m\{v_0-(-v_0)\}}{\Delta t}=\frac{2mv_0}{\Delta t}$$

選手是靠F力讓網子下沉，接著再利用網子彈力往上跳起，所以又可以和前述公式畫上等號，加以整理後，即可得到

$$y_d=\frac{2mv_0}{k\Delta t}$$

也意味著**體重愈重，下沉的y_d愈大，那麼反彈力也會愈大**。

不過，**如果接觸網子的時間皆為Δt，即代表無法運用體重的差異，所以彈起的速度跟體重就沒有相關性。這也是為什麼能夠利用網子彈力搭配身體屈伸，讓Δt變小，就能獲得更大作用力，彈跳更高的緣故**。

另外，我們還可以算出當高度$y_{max}=8m$的時候，起跳速度

$$v_0=\sqrt{2gy_{max}}=\sqrt{2\times 9.8\times 8}=12.52m/s$$

由此可知，**騰空時間t＝2．56秒**。

接著再回來討論棟朝選手，假設他以$\Delta t=0.16$秒的時間跳起，那麼跳起時產生的力為

$$F=\frac{2mv_0}{\Delta t}=\frac{2\times 63\times 12.52}{0.16}=9860N$$

表示這股力相當於體重16倍。如果棟朝選手想獲得冠軍，那麼每次跳躍的騰空時間必須拉長0．221秒，即為2.56+0.221=2.781秒，高度則須達$y_{max}=9.47m$。這雖然差不多就是一個人的身高差，但9.47m的初速度$v_0=13.63m/s$。

如果Δt相同，則代表需要10731N的作用力。剛開始落下的速度就算只有12.52m/s，只要Δt為0.147秒，一樣可以產生這股力量。所以選手在進行幾次預跳時，就必須充分掌握網子的彈力（達到共振），才有辦法獲得跳更高的作用力。

至於什麼時候才是起跳的最佳時機？考量網子水平狀態時，躍升速度會最大，所以在那個瞬間跳躍的時機最棒（圖2）。選手必須估算網子何時會下沉至最低點，並做好跳躍的心理準備，避免錯過那瞬間的機會。

1 在彈翻床的起跳速度

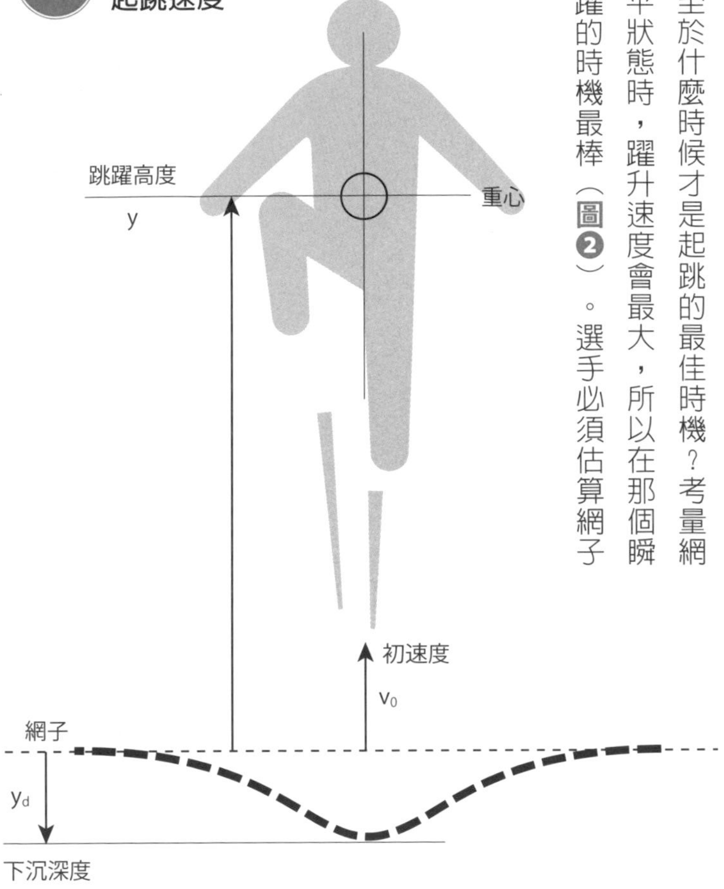

2 網子回復速度與起跳速度

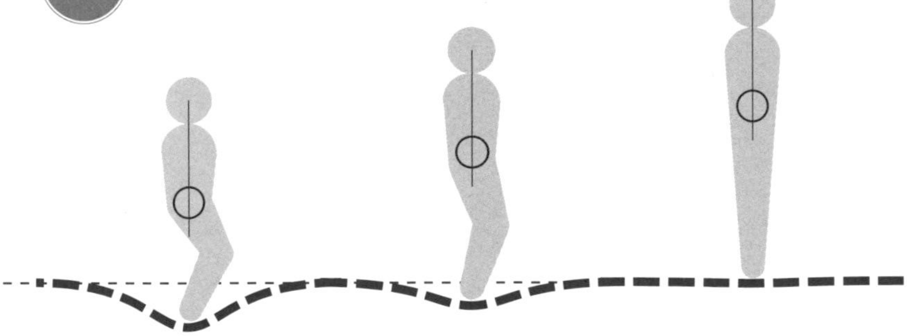

網子回復速度+上彈速度結合就能跳更高

40

抱石

靠攀附姿勢和腳踩在岩塊的方式就能克服難關？

抱石（Bouldering）是攀登運動其中一種項目，高4m的牆面上會配置各種岩塊（突起的攀點），選手們要比賽4分鐘內誰能爬最高，抱石不會使用確保安全的繩索輔助。

抱石只需使用能夠吸汗預防手滑的止滑粉及穿著岩鞋。抱石競技會比賽誰能夠順利完攀最多路線。**所謂完攀，是指從指定的岩塊開始攀爬，並雙手成功觸及終點的岩塊。**

為了盡量減輕手部負擔，選手最好是能夠讓身體維持貼在牆面的姿勢，這時的關鍵在於身體重心必須位於腳踩岩塊的正上方（圖❶）。牆面愈接近垂直，腰部就愈能貼著牆面，那麼只要手指扣緊岩塊，腳就能承受住體重。

如果牆面外傾大於90°，選手就必須像圖❷一樣，盡可能縮短腳踏岩塊到重心的距離，並拉長腳到手攀岩塊的距離。這樣能減輕抵抗體重扭力所需的抓握力，防止從牆面墜落。

不過，光只有貼著牆面可無法往上攀爬。選手必須不斷重複伸展彎曲的腳，並將手指扣向其他岩塊來移動。在抱石過程中，**移動這個動作又稱作move**，並可細分成必須扭轉身體，較難順利扣住岩塊的移動，以及身體正面緊貼牆面的移動。

腳移動瞬間，作為基點的腳會變得容易滑動。**當腳踩踏於岩塊的力量比岩塊和腳之間的摩擦力還大，腳就會滑動。**

只要摩擦力夠大，腳直接撐著牆面也不會打滑。**垂直作用於牆面的力乘以摩擦係數後就能算出摩擦力，所以垂直施於牆面的力愈大，摩擦力也會愈大。**另外，也可選擇穿著摩擦係數較大的鞋子。重心與接觸牆面的腳相連線後，若線條之於牆面愈趨平行，表示撐住牆面的作用力愈弱，如此一來會變得難以維持姿勢。

抱石過程中，**腳移動時的摩擦係數會變小，所以必須慢慢地抓握住岩塊，或是把腳踏在岩塊上以增加摩擦係數**。如果因為想要往上跳，就急著把腳踏出，使加速度變大的話，勢必會耗費多餘的力量。由於牆面的角度幾近直角，若選擇腿蹬岩塊跳動轉移重心或是急著移動，那麼作用力將大於靜止狀態時的摩擦力，身體也會跟著滑動，所以要盡可能慢慢移動，較不容易打滑。

1 攀附於牆面的基本姿勢

- 攀附於牆面為基本姿勢
- 此姿勢能減輕手部負擔
- 身體重心必須位於腳踩岩塊的正上方
- 牆面愈接近垂直，腰部就愈能貼著牆面

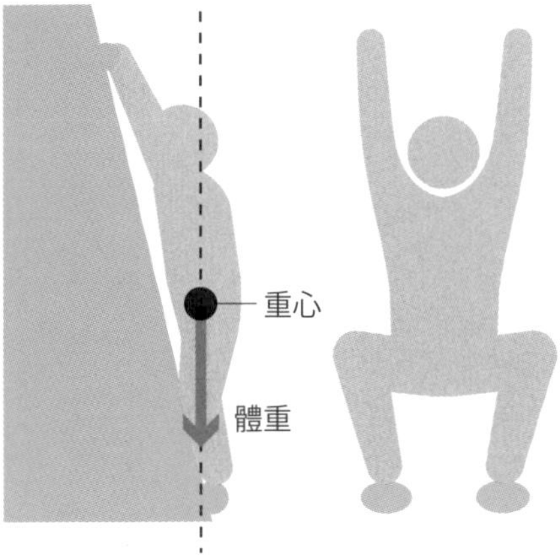

2 牆面外傾大於90°時的基本攀附姿勢

- 牆面大於90°時，要儘量縮短腳踏岩塊到重心的距離
- 同時拉長腳到手攀岩塊的距離
- 這樣能減輕抵抗體重扭力所需的抓握力，防止從牆面墜落

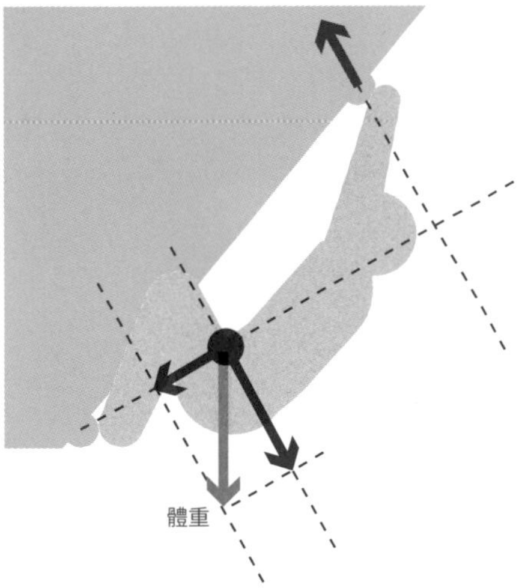

41

自行車

遇到急彎時，可以靠離心力和摩擦力保持平衡？

奧運項目的自行車公路賽中，女子與男子選手必須以時速60km、相當於汽車的時速，分別騎完100km與200km的鋪裝道路。比賽時有兩個重點，分別是「保留體力，讓自己能在終點前做最後衝刺」與「加強過彎技術，避免耗費多餘時間」。

若想要保留腳踩踏板的體力，選手們就必須排成一直線。隨時留意彼此間的距離，儘量緊貼，不要離得太遠，才能降低風阻。這其實跟競速滑冰團體追逐賽的概念一樣（圖❷）。過彎時，選手還須施予一股朝向彎道中心的力（向心力）。**所謂向心力，是指身體朝曲線中心傾斜時，體重對該方向所形成的力量**。與向心力相反的是慣性力，只要出現一股與速度平方（速度×速度）成正比，且朝向彎道朝外側的作用力（離心力），向心力與離心力會取得平衡，這時就能以傾斜但不會往內倒下的姿勢過彎。

離心力雖然能讓車輪朝彎道外側滑，但路面與車輪會有摩擦力，就能避免打滑。當速度變快，離心力就會變大，一旦大於摩擦力就會打滑。不過，**無論是何種彎道，只要身體傾斜與筆直的中心軸形成17°角，便能順利過彎且不會打滑**。基本上這個角度完全取決於車論和路面的摩擦係數，若是一般車胎，摩擦係數大抵為$\mu=0.3$，而傾斜角$\theta=\tan^{-1}\mu$。這時離心力會是

$$F_c=m\frac{v^2}{R}$$

只要結果比摩擦力（$=\mu mg$）小就不會打滑，且可用

$v \leq \sqrt{\mu g R}$ 來表示。**公式中的R為彎道半徑，m為質量**。

路上出現急彎時，除了會有黃色標誌外，下方可能還會寫[R=100m]的輔助標示。**當數字愈小，就表示圓弧的半徑愈小、彎度愈大**。接著讓我們來試算若要過彎，怎樣的速度v才不會使車輪打滑。R=100m的話，v=17m/s，只要過彎時速不超過60km就不會打滑。有些山路可能會出現R=30m的大彎道，這時建議v=9m/s，也就是時速別超過33km便可安全通過。

由此看來，過急彎時除了要降速，也必須將身體微傾靠向彎道，兩個動作都很重要呢。

1 車輪與路面間的離心力和摩擦力

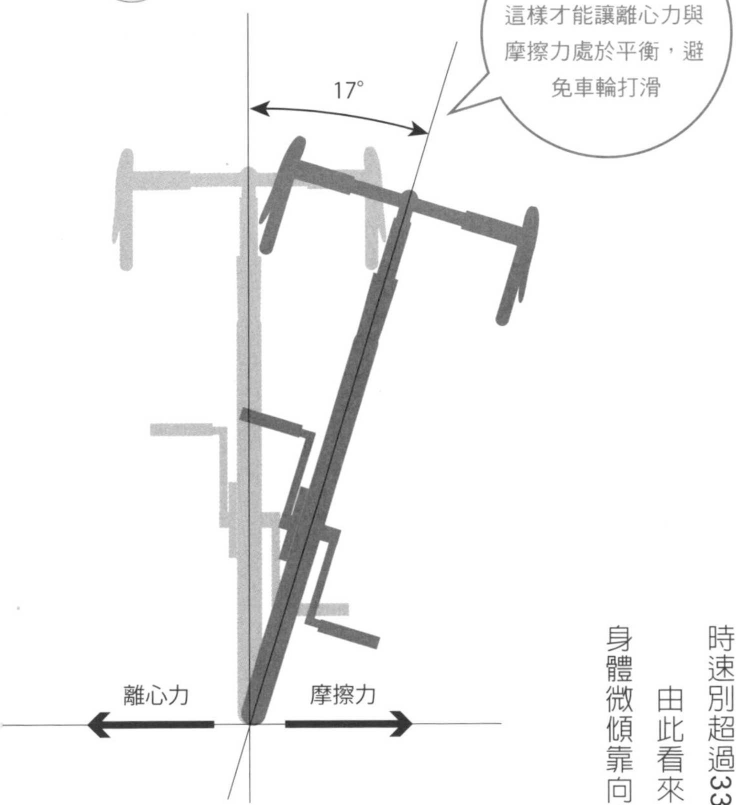
身體要傾斜17°，這樣才能讓離心力與摩擦力處於平衡，避免車輪打滑

2 公路賽的選手會排成一直線以降低風阻

42

滑板

什麼是人板一體的高難度翻轉滑板技術？

滑板是由板身搭載4個輪子組成。**左腳在前（板頭，Nose），右腳在後（板尾，Tail），身體側站於滑板的站姿稱Regular；右腳在前，左腳擺後的站姿則為Goofy**。板面則會採用粗糙不易滑動的材質。

滑行的方式基本上就是推動（Push）。將前腳擺在板面前側螺絲位置附近，並將重心放在前腳，接著用後腳蹬地。後腳蹬地向前滑時，就可將後腳擺在板面後側的螺絲處，當速度變慢，再用後腳蹬地即可。另外還有一種前進方式，那就是維持站在滑板上，並朝滑板前方左右晃動，透過過程中產生的反作用力前進，這種方式又稱為盪板蛇行（踢踏，Tic Tac）。

若將臉部朝向背部，**把重心移到腳跟，使板身傾斜的話，滑板會朝左彎，改將重心放在腳尖的話，則會朝右彎（圖❷）**。如果肩膀也朝向想轉彎的方向，轉向的幅度就會更大。

當板身傾斜時，就表示兩個輪架也會朝向傾斜方向，使滑板轉彎。另外，**翹起前輪並轉動板身，就能做出急轉的動作**。想要停止時，則可用板子後側接觸地面，將滑板煞停。

滑板競技還可細分成利用技巧滑行於街道斜坡、路緣、扶手、階梯的「街道賽」（Street），於鋪裝面設置各種區塊（結構物）進行競技評比的「公園賽」（Park），於平地一較技術高下的「花式」（Freestyle），另外還有「Flat Land」、從大型U型池（halfpipe）躍下，展現個人表演技巧的「垂直滑板」（稱Vert或Vertical），以及將角標排成一直線並滑行穿越通過的「蛇行」（slalom），或是從坡道下滑的「速降」（Downhill）等。而這些細項中，**入選2020東京奧運的競技為「街道賽」**

及**「公園賽」**。

滑板的技巧也十分多樣，**例如想要習得高難度技術前必須先學會的豚跳（讓板子飛起，Ollie）或是難度更高的翻板（Flip）。高難度動作一般又會稱為Trick，成功完成動作時則會說Make a trick（或Nice make）**，完成率即代表成功率。**Routine則是指把各種動作結合的表演方式**。雖然不能說是人馬一體，但也要能達到人板一體的境界呢。

接著就讓我們參考圖2，想想怎樣的物理條件較容易讓滑板翻轉。以縱軸方向（x軸）的繞軸旋轉來說，轉動物體的短軸（b）會是最容易的模式（因為I_x最短）。接著來看看橫軸方向（y軸）的繞軸旋轉，因為長度（a）大於寬度，所以轉動難度也跟著增加（$I_y>I_x$）。如果是要讓滑板以垂直方向（x軸）繞軸旋轉，動作時必須連動到長度與寬度，因此難度最高（$I_z>I_y>I_x$）。由此便可清楚得知，為何成功完成旋轉難度高的轉板動作時，能獲得高分了呢。

1 滑板的翻轉模式（從前方觀察之圖示）

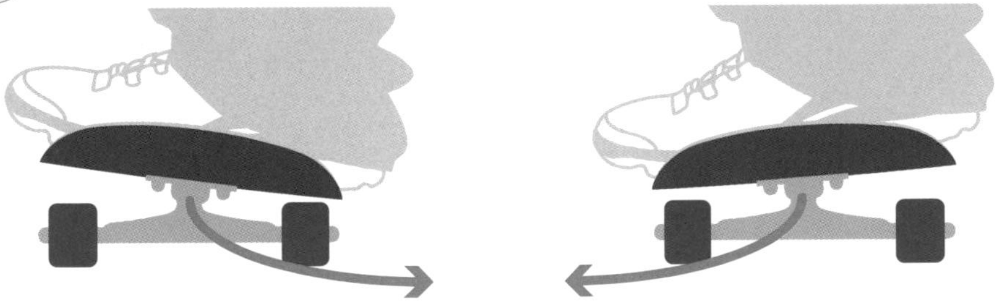

重心移至腳跟，朝背部翻轉　　重心移至腳尖，朝腹部翻轉

2 滑板板身的旋轉軸

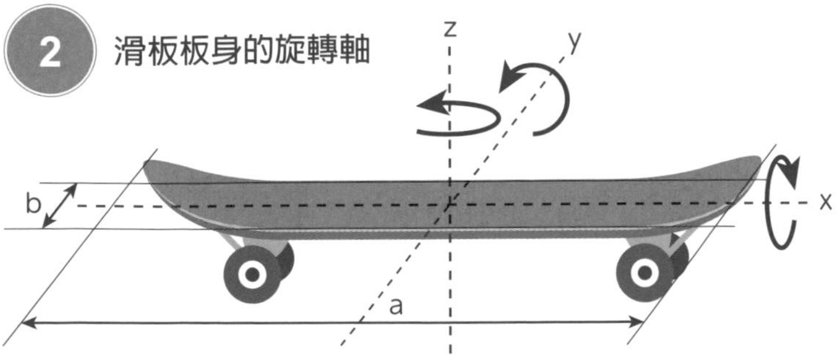

$$I_x=\frac{mb^2}{12}$$

$$I_y=\frac{ma^2}{12}$$

$$I_z=\frac{m(a^2+b^2)}{12}$$

滑翔傘&滑翔翼

兩個都是「滑翔」，那麼原理有何差別呢？

滑翔傘（Paragliding）的原理其實跟從空中降落的降落傘（Parachute）大同小異，**都是維持一股龐大且方向朝上的阻力、降低前後方的阻力，讓裝置能夠前進。由於整體形狀為橢圓機翼，翼展方向的升力會成橢圓狀分布。**也因為較不易形成翼尖渦流，且誘導阻力較小的緣故，所以相當適合作為不具動力的滑翔裝置設計。

這類滑翔裝置的機翼不同於一般機翼，是以具彈性的尼龍製成（又稱**傘衣Canopy**），**透過提線控制改變翼尖形狀，使空氣動力中心位移，形成翻滾（Roll）、偏擺（Yaw）動作，讓裝置得以盤旋**。

從側面觀察時，會看見飛行員的位置差不多會落在翼弦長的正中央。因為機翼的空氣動力中心大概在翼弦長的前緣算起約4分之1處，所以機翼就像形成攻角一樣，會產生力矩，形成升力。雖然存在著一股扭力，但因為飛行員處於機翼下方有點距離的位置，所以不必擔心翻覆。**想要減速時，則可透過平飄（Flare）來拉大主翼的攻角，以提高阻力**。這時，機翼會產生一股與下降氣流大小一致的反作用力，也就是升力，速度便能跟著減弱。

滑翔翼（Hang glider）的設計則是在三角形管狀骨架的兩邊架設合成纖維材質的機翼（Sailcloth），形成三角翼，此設計又稱**羅加洛（Rogallo）機翼**，是美國NASA為了讓太空船重返大氣層後能順利降落所開發的設計。

控制把手介於翼尖與末端中央處，坐在套袋（Harness）裡的飛行員會握住把手，以伸縮手臂的方式使裝置俯仰（Pitch），也會用移動身體的方式做出盤旋動作。移動重心還能操作翻滾（Roll）動作。滑翔翼和滑翔傘的原理差異，

1 滑翔傘

由上往下俯視傘衣

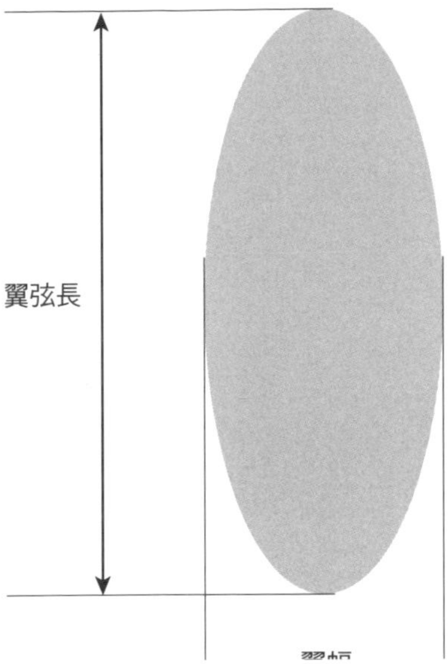

側視圖

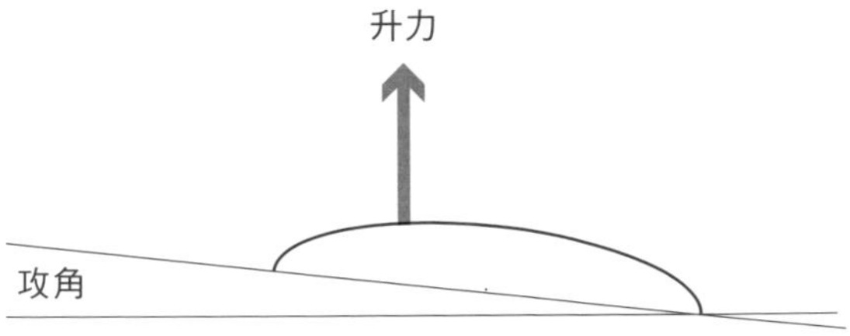

2 滑翔翼

正視圖

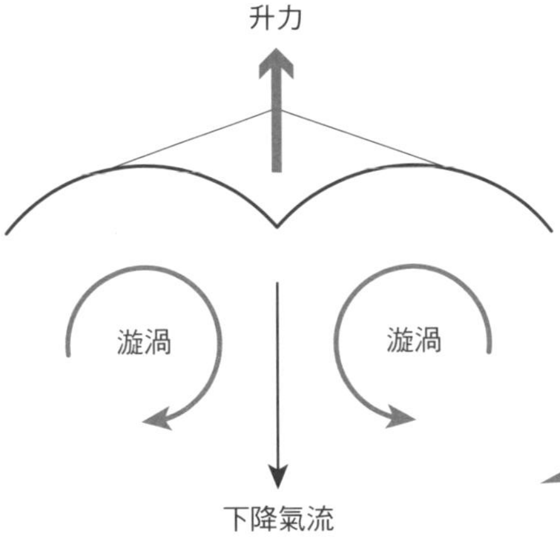

側視圖

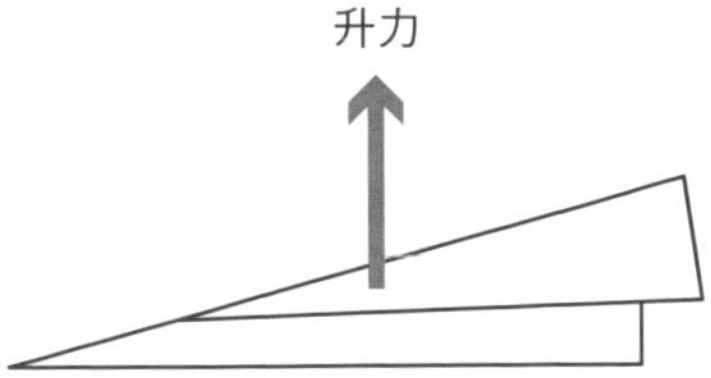

在於滑翔翼是透過逆向旋轉的一對漩渦產生下降氣流後，讓下降氣流的反作用力形成一股升力。

風箏

能靜止停在上空的蓋拉風箏以及必須和風相爭的日式風箏有趣之處在哪？

蓋拉風箏（Gayla Kite）和競技風箏（或稱特技風箏，Sport kite）**都是採用美國太空總署（NASA）開發的羅加洛（Rogallo）飛膜機翼，所以能產生升力，飄浮升空**。風箏會被提線牽引著，從側面觀察停在空中的風箏時，會如圖❶所示。一般機翼的空氣動力中心大約會落在翼尖算起4分之1弦長處，不過蓋拉風箏為三角翼，位置為2分之1弦長處，而風箏的提線也會隨時朝向空氣動力中心。

既然是機翼造型，面對迎風的攻角小於**15°**的話，是沒辦法形成升力的。不過，當攻角變得更大，就會發生如飛機的失速狀態般向下墜落，所以我們可以發現，**蓋拉風箏飛翔天際時，基本上都會停在我們頭頂正上方**。

競技風箏的話則會有2條平行的提線，**靠著拉放左右提線，來打亂機翼左右兩邊的升力平衡狀態使其飛行**，有時還能讓競技風箏就像UFO般地移動。

日式風箏則是靠吹拂風箏的風向朝下時所形成的反作用力，讓風箏飛起。風的氣流會從薄板邊緣開始分離，使風箏內側壓力變小，當然也可以說明表面與內側的壓力差會形成阻力。

想要維持這股阻力，面對風吹氣流時，風箏的攻角必須夠大，所以才會在風箏末端綁上飄尾，讓風箏隨時呈現豎立狀態。與提線就位在頭頂正上方的蓋拉風箏相比，日式風箏的提線位置反而較低。

另外，**風箏兩側的邊緣還會交互形成漩渦，阻力也會跟著起變化，風箏在阻力變化週期就會飄忽不定，無法固定在同個地點**。正因為這

1 會產生升力的蓋拉風箏

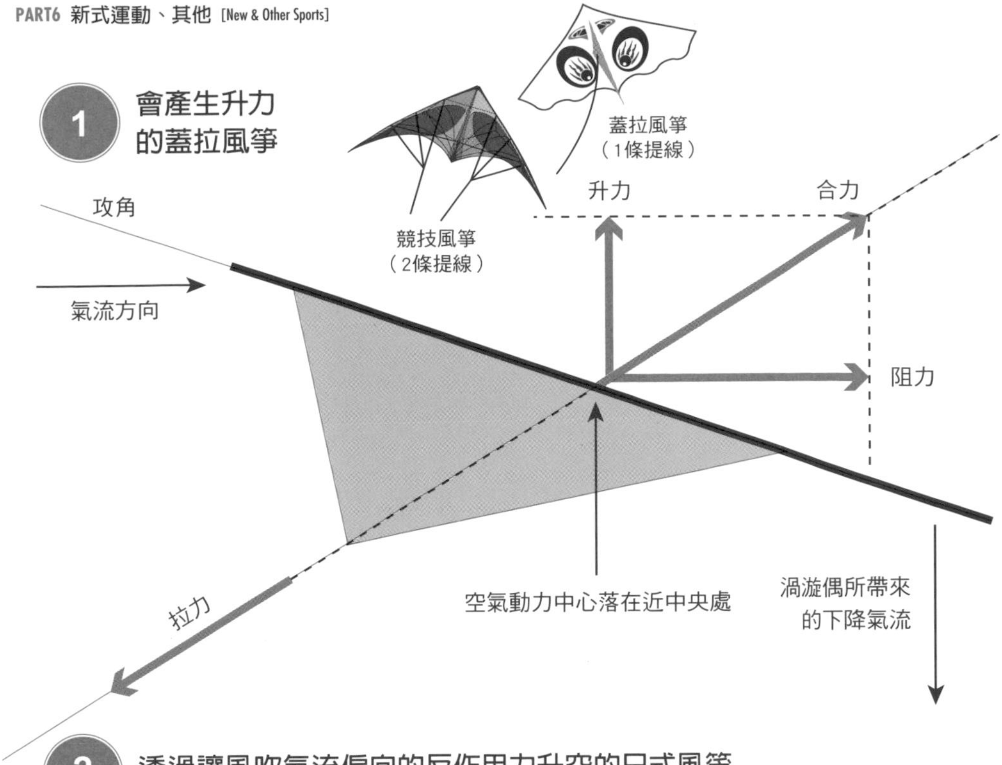

2 透過讓風吹氣流偏向的反作用力升空的日式風箏

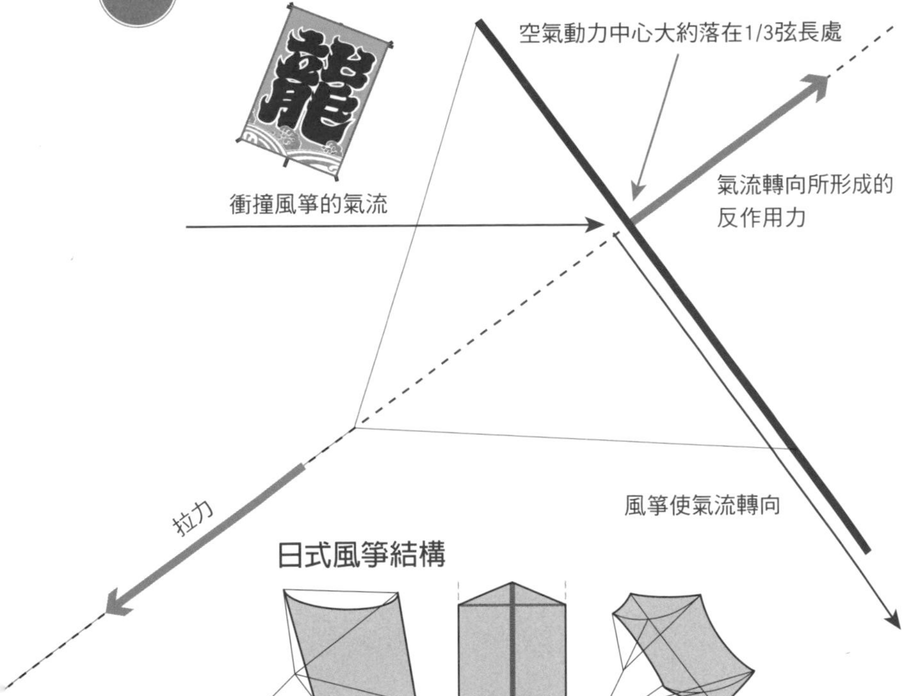

日式風箏結構

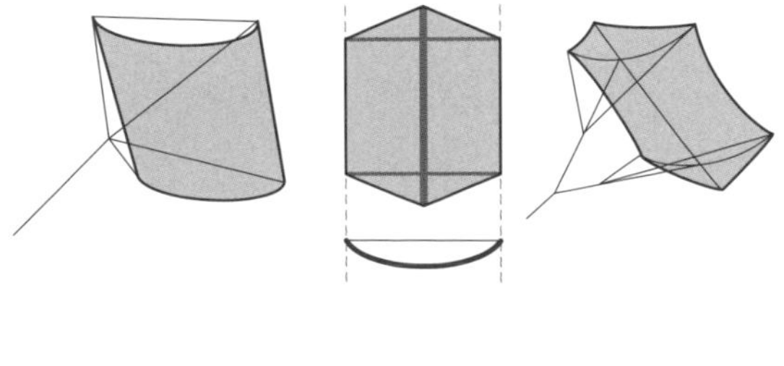

飄忽不定的特性，讓我們能透過風箏的控制與風對話，是不是非常有趣呢？

45

飛盤

怎樣才能成功把飛盤投擲到目標位置？

飛盤可以分成幾種種類，競技飛盤直徑27cm，厚3cm，重量175g。**以右手抓住盤緣，朝想要投擲的方向繞畫半圓，當目標投擲方向與圓周上的切線方向一致時即可讓飛盤離手，這時飛盤會以逆時針方向旋轉並朝目標方向飛去**（飛盤另一個常用的說法Frisbee為商標名稱，文中會避免使用）。

從圖❷可以得知，手指離開盤緣時的手臂旋轉動作和飛盤旋轉切線方向的速度應該會相同，假設手臂長度為r_a，旋轉的角速度為ω_a，飛盤半徑為r_f，那麼切線方向的速度v就會存在$v=r_a\omega_a=r_f\omega_f$的關係。這時可以用下述公式求出飛盤旋轉的角速度$\omega_f$。

$$\omega_f=\frac{r_a\omega_a}{r_f}$$

由此可知，**手臂愈長的人飛盤轉速愈快**。不過，**短手臂的人只要手臂旋轉的角速度夠快，一樣能擲出高轉速**。舉例來說，臂長70cm的選手以0.15秒旋臂90°擲出飛盤，角速度ω_a為**$\pi/2\div0.15=10.47$rad/s**，切線方向的速度v=7.33m/s，甩動手臂能讓飛盤產生**$\omega_f=10.47\times0.7\div0.13=54.3$rad/s**的轉速。飛盤飛行時的速度與前面求得的速度相同，所以會是7.33m/s。假設從距離地面1.5m高的位置投擲飛盤，在不考量空氣阻力的自由落體條件下，照理說飛盤會落在7.33×0.55=4m前方的地面。但實際投擲後發現飛盤會飛得更遠，這是因為飛盤存在著一股朝上的作用力。

在航空工程學裡，與前進方向成直角且朝上的力量會稱為升力。一般而言，升力會發生在有機翼這個條件之下，所以飛盤也經常被想像成機翼，藉此說明升力是如何產生的。除非飛盤沒有旋轉，否則從後方觀察飛盤的話就像圖❸一樣，旋轉會使右側上方的相對速度**U=7.33m/s+7.33 m/s=14.66m/s**，左側則是**7.33m/s- 7.33 m/s=0m/s**。氣流速度為u m/s時，可以運用升力係數C_L搭配機翼面積S m^2，求出機翼所產生的升力L，

$$L=C_L\frac{1}{2}\rho U^2S$$

這時會形成飛盤右側升力大，左側升力小的二次曲線分布，所以實際上應該會看出飛盤朝左側翻滾，左傾盤旋。

不過，前面也有提到，飛盤會以某個角速度自轉，在**陀螺效應（就算施加傾斜力，物體自身還是會形成一股保持平衡的作用力）**的影響下，飛盤會維持最初的狀態，就算升力分布出現偏差，也不會左傾盤旋。但是，當轉速愈快，摩擦力也會跟著變大，使轉速變慢，導致陀螺效應衰

1 各種不同造型的飛盤

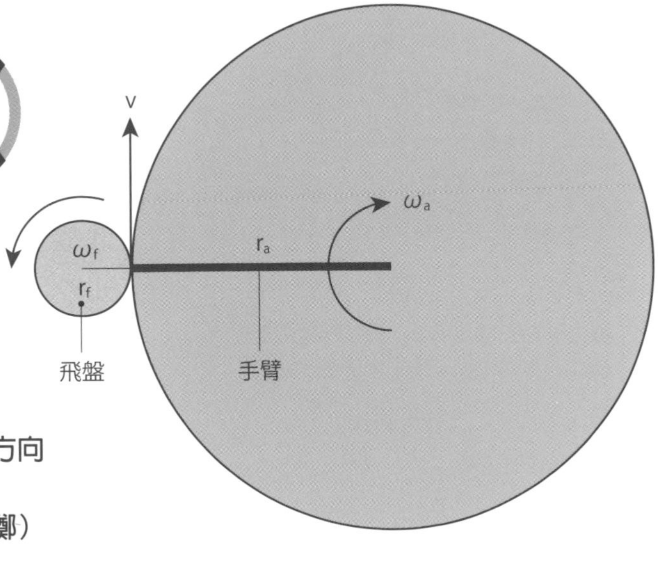

2 飛盤轉速與切線方向的速度一致（以右手反手投擲）

減，飛盤開始翻滾往左盤旋，所以只要能掌握這項特性，**以右傾姿勢投擲的話，飛盤最後就會平飛**。

對了，其實還有一種中間挖洞的中空飛盤。這種飛盤究竟是怎麼獲得升力？實在令人覺得不可思議呢！接著就讓我們來思考看看吧。

如果只存在與前進方向成直角的作用力，那麼飛盤墜落時會描繪出一個碗的形狀，阻力係數C_D大約是1．43。顛倒狀態的阻力係數C_D則會是0．38。**飛盤的重心雖然位於表面之下的空間，但升力和阻力會作用於表面，所以就算飛盤傾斜，重量也會形成一股回復力**。只要飛盤旋轉，陀螺效應就能形成更大的回復力，**即便是無旋轉的狀態，飛盤還是能維持平穩**，感覺就像是降落傘。飛盤墜落時的阻力方向朝上，看起來猶如升力。換言之，中空飛盤飄浮的原理其實跟一般飛盤不太一樣。

3 從後側觀察飛盤飛行時的狀態

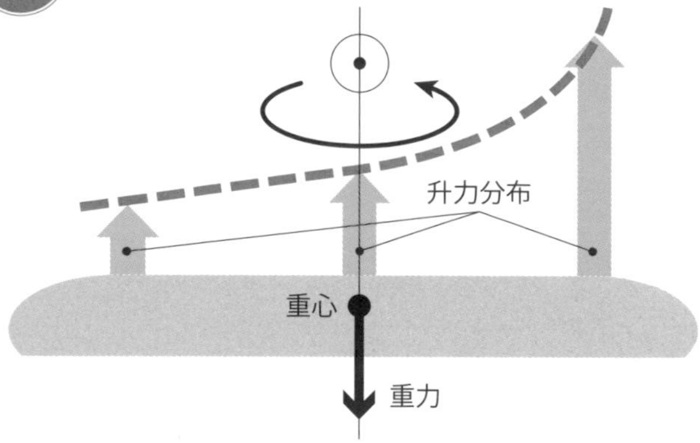

- 空氣會從圖示內側朝靠近手邊處流動
- 以右手投擲時，由上俯視會看見飛盤逆時針旋轉
- 左側的相對氣流較慢，升力較小
- 右側的相對氣流較快，升力較大

46

嘻哈舞

麥克傑克森靠身體的上下運動就能讓重心位移0.57m？

這裡我們試著把跳舞搖擺身體的動作想像成垂吊圓柱時的擺動（圖❶），假設重心落在圓柱長2分之1的位置。

在這樣的狀態下，我們可以求出小振幅的擺動週期T為

$$T=\frac{2\pi}{\omega}=2\pi\sqrt{\frac{I}{mgL}} \quad →①$$

接著就可以得到如圖示一樣垂吊的圓柱慣性矩為

$$I=\frac{1}{4}m\left(\frac{D^2}{4}+\frac{(2L)^2}{3}\right)+mL^2 \quad →②$$

如果體重60kgf的舞者重心位於頭頂算起L=0.8m的位置，接著根據體幹大小，假設人體就像直徑D=0.25m的圓柱，利用這些數值將能導出T=2秒。1週期所需時間為2秒，即表示往右擺動需要1秒，往左擺動也需要1秒。

右＋左為1拍（beat）地擺動，就表示1分鐘的拍數為**1beat/2sec×60sec/min=30beats/min(bpm)**。**如果節奏是往右擺1beat，往左擺1beat的話，拍數則會是2beat/2sec×60sec/min=60bpm，會比較像是緩慢行走的步調。**

如果是像圖❷一樣，用輕質地的繩子或棒子垂吊球體擺動的話，就能忽略掉重心周圍的力矩，那麼根據週期

$$T=2\pi\sqrt{\frac{L}{g}} \quad →③$$

就會完全取決於長度L。**若是長1cm的耳環，擺動週期會是T＝0.2秒，拍數則是**

300bpm。長度1.55cm時拍數會變240bpm，那麼跟上曲子節拍舞動身體時，耳環也會劇烈晃動。

接著讓我們來思考一下重心會上下變動的跳躍舞蹈（圖❸）。假設兩個波谷間（也可以是波峰之間）的時間T為1週期。跳躍時會用到腳（當然也有用手跳的舞蹈），與重力作用方向相反的彈跳力F[N]能把身體帶到h高度，接著身體會以自由落體的方式下墜。**跳躍動作就像是把物體以v_0初速度往上拋**，可以用

$$y=-\frac{-1}{2}gt^2+v_0t \quad \rightarrow ④$$

來表示。那麼週期**$T=2v_0/g$**，接著可以求得高度**$h=v_0^2/(2g)$**。

跟上Eurobeat（歐洲節拍）風格**200bpm**的歌曲，每2拍跳一次的話，因為**T=0.6sec**，所以**v_0=2.9m/s，h=0.44m**。這會讓人聯想到馬賽人的舞蹈跳躍。跟著每個拍子跳起，**T=0.3sec，那麼v_0=1.5m/s，h=0.11m**，這表示跳起11cm的話就能跟上曲子節奏。

麥克傑克森（Michael Jackson）的**《beat it》《Captain EO》**，放浪兄弟（Exile）**《New Horizon》**的拍數都是**176bpm**，並以2拍一個動作律動，曲子的舞蹈編排也會透過身體的上下運動讓重心位移0．57m。

另外，碧昂絲（Beyonce）拍數**130bpm（T=0.46sec）**的歌曲、女神卡卡（Lady Gaga）的**150bpm（T=0.40sec）**、瑪丹娜（Madonna）的**160bpm（T=0.38sec）**都被認為是節奏佳、跳起來很性感的舞曲。對了，印度舞曲的拍數也是**160bpm（T=0.38sec）**。

接著來看看日本各類音頭歌曲（祭典或廟會時多人一起歡唱跳舞的歌曲）的節奏，東京音頭是**143bpm（T=0.42sec）**、北海盆唄是**112bpm（T=0.54sec）**、八木節則是**135bpm（T=0.44sec）**。盂蘭盆舞多半是2拍一個動作，所以節奏為**0．9～1秒**。看來，日本古早的歌曲舞蹈動作比走路節奏還要慢一些呢。

1 垂吊圓柱的擺動

把身體的擺動看成垂吊圓柱的擺動。

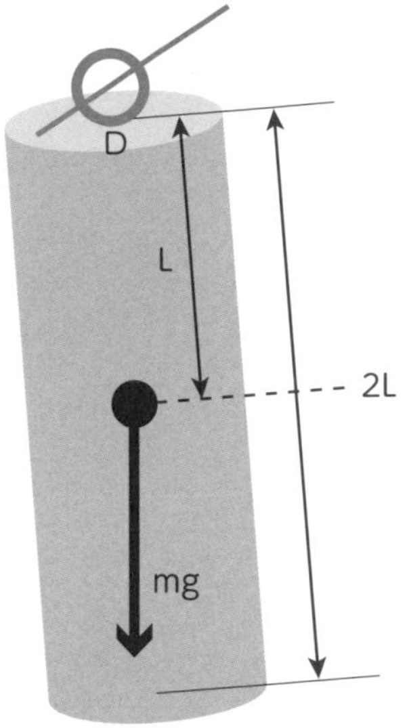

2 耳環的擺動

長1cm的耳環擺動週期T=0.2秒，節奏為300bpm。長1.55cm的話則會變成240bpm。

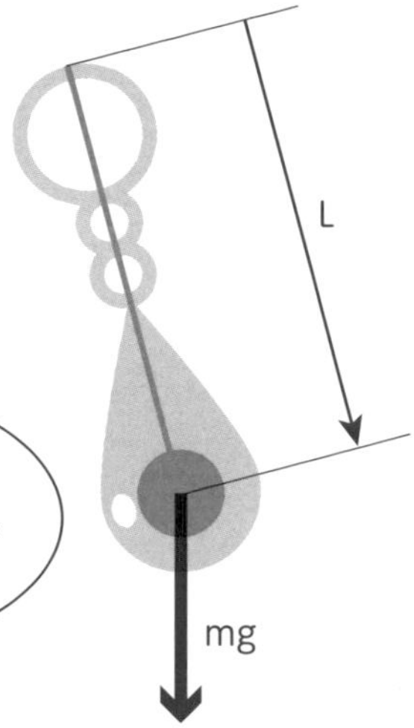

3 跳躍舞動會使重心上下運動

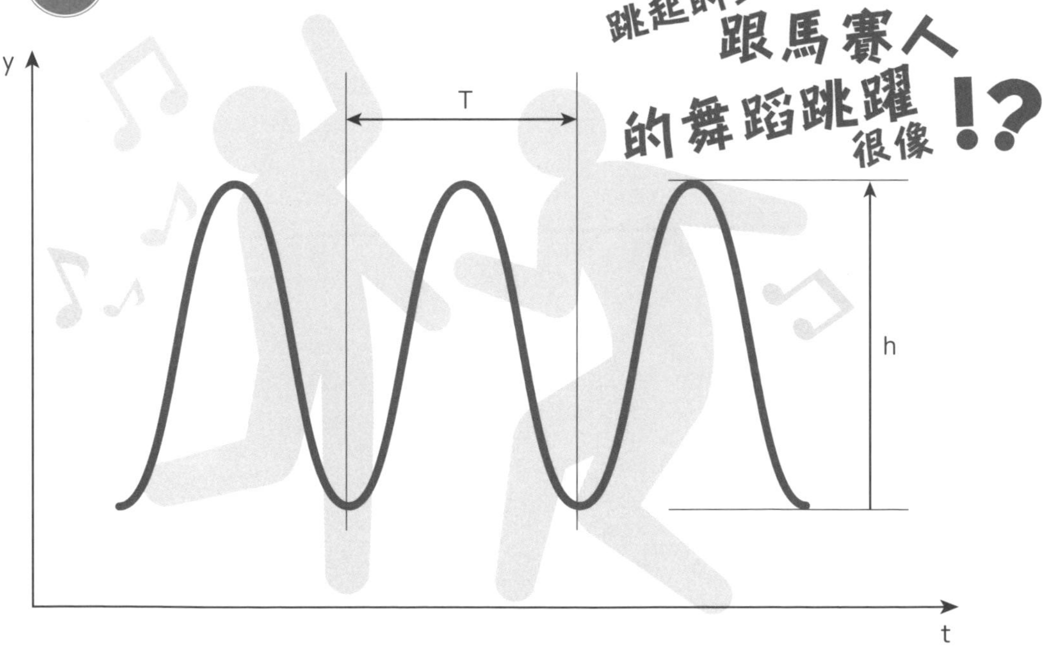

國家圖書館出版品預行編目資料

運動中的物理學：用物理角度解讀44項運動競技，讓你紀錄再突破！看賽事更有趣！／望月修著；蔡婷朱譯. — 初版.
— 臺中市：晨星出版有限公司，2023.05
面；公分. —（知的！；204）
譯自：眠れなくなるほど面白い 図解 物理でわかるスポーツの話

ISBN 978-626-320-413-3（平裝）

1.CST: 運動力學 2.CST: 生物力學

528.9011　　112002690

知的！204

運動中的物理學：
用物理角度解讀44項運動競技，讓你紀錄再突破！看賽事更有趣！
眠れなくなるほど面白い 図解 物理でわかるスポーツの話

作者	望月修
內文圖版	室井明浩（studio EYE'S）
譯者	蔡婷朱
編輯	吳雨書
封面設計	ivy_design
美術設計	曾麗香
創辦人	陳銘民
發行所	晨星出版有限公司 407台中市西屯區工業30路1號1樓 TEL：（04）23595820　FAX：（04）23550581 http://star.morningstar.com.tw 行政院新聞局局版台業字第2500號
法律顧問	陳思成律師
初版	西元2023年5月15日　初版1刷
讀者服務專線	TEL：（02）23672044 /（04）23595819#212
讀者傳真專線	FAX：（02）23635741 /（04）23595493
讀者專用信箱	service @morningstar.com.tw
網路書店	http://www.morningstar.com.tw
郵政劃撥	15060393（知己圖書股份有限公司）
印刷	上好印刷股份有限公司

掃描QR code填回函，
成為晨星網路書店會員，
即送「晨星網路書店 Ecoupon 優惠券」
一張，同時享有購書優惠。

定價350元

ISBN 978-626-320-413-3